I0815211

Agradecimientos

A mi familia, por su incondicional apoyo.

A mis amigos y colegas del rubro gastronómico, por motivarme a que siga educando.

A mis seguidores, que han permitido que todo esto sea posible.

ESTO ES CIENCIA & COCINA

BOOK Nº1

Chef HEINZ WUTH

Grijalbo

El papel utilizado para la impresión de este libro ha sido fabricado a partir de madera procedente de bosques y plantaciones gestionadas con los más altos estándares ambientales, garantizando una explotación de los recursos sostenible con el medio ambiente y beneficiosa para las personas.

Esto es ciencia y cocina

Primera edición en Chile: julio, 2025
Primera edición en México: octubre, 2025

ISBN: 978-607-386-597-5

Impreso en México – *Printed in Mexico*

ÍNDICE

PRÓLOGO I

LA CIENCIA EN LA COCINA Y LA IMPORTANCIA DE HEINZ WUTH

Por

GUILLERMO RODRÍGUEZ ASTORGA

Chef Chileno, Director de Espacio Gastronómico

Cuando Heinz me pidió escribir el prólogo de este libro, reconozco que me sentí algo intimidado. Para mí, un cocinero con entrenamiento clásico francés, que se ha empeñado en rescatar recetas típicas chilenas, la ciencia detrás de las preparaciones siempre ha sido algo lejano. O sea, claro que sé sellar un buen pedazo de carne o preparar unos huevos revueltos cremosos, pero desconozco la explicación tecnocientífica detrás de estas elaboraciones.

Sentí, entonces, la necesidad de investigar al respecto, descubriendo a Harold McGee, Pere Castells, Nathan Myhrvold y James Kenji López-Alt, científicos gastronómicos que han dedicado su vida a indagar y difundir la ciencia detrás de la cocina. Luego, mi búsqueda se enfocó en encontrar chefs que divulgaran y explicaran esta obvia relación, dándome cuenta de que son pocos los que han escrito acerca de la materia, sobre todo en español.

Hoy chefs, cocineros y muchos *amateurs* alrededor del mundo intentan entender la ciencia detrás de nuestra cocina, porque somos más conscientes de lo que comemos, cómo lo comemos y de cómo hacer mejor y más eficiente nuestra alimentación. Esta relación natural entre chefs y científicos ha ido rompiendo sus barreras lentamente, permitiendo que cualquiera pueda cocinar un bistec perfecto, o entender por qué es importante fermentar algunos alimentos para extraer de ellos los mejores nutrientes.

Esto es ciencia y cocina es un libro que llega a revolucionar parte de la historia gastronómica de nuestro país, y por qué no, quizá también la forma en cómo entendemos la cocina desde América Latina. Heinz se consagra como uno de los primeros chefs de Chile en explicar la ciencia detrás de lo que cocinamos, un trabajo que lleva haciendo desde hace años a través de sus clases, charlas y videos y que hoy afianza con la publicación de este libro, que pone a disposición de la comunidad.

Creo importante que los lectores de esta biblia sobre la ciencia detrás de la cocina, escrita en español, conozcan un poco de la historia de Heinz. Ante todo es un hombre humilde, sencillo, con convicciones y con gran capacidad de estudio y, por lo tanto, de aprendizaje. Desde muy joven ha estado a la vanguardia de la ciencia en la cocina, acercando su saber y dominio técnico a la actualidad gastronómica.

Desde que lo conocí en las cocinas del hotel Plaza San Francisco, cuando llegó como egresado de gastronomía, su principal talento ha sido la generosidad de compartir sus conocimientos a sus colegas chefs, de colaborar con aquellos que no han tenido la posibilidad de estudiar esta materia. Probablemente, el propio Heinz no se da cuenta de la importancia del traspaso de conocimiento que ha hecho en el mundo gastronómico, donde incluso "el maestro ha aprendido del estudiante".

El libro que he tenido el honor de prologar –por fortuna– no es un solitario absoluto en el panorama literario gastronómico, pero sí es de los primeros que se firman desde esta latitud. Un libro de Latinoamérica para el mundo, que habla de ingredientes chilenos y demuestra que avanzamos a paso feroz en la idea de seguir poniendo nuestra gastronomía en lo más alto.

Espero que disfruten tanto como yo de *Esto es ciencia y cocina*, porque todo aspirante a cocinero, chef y aficionado debe leerlo.

PRÓLOGO 2

¿CÓMO EXPLICAR CONCEPTOS CIENTÍFICOS PARA EL GRAN PÚBLICO Y PARA COCINEROS O AMANTES DE LA COCINA?

PERE CASTELLS

PRESIDENTE DEL SCIENCE AND COOKING WORLD CONGRESS

La respuesta a esta pregunta parece fácil, aunque es muy compleja. Los científicos nos refugiamos en nuestras fórmulas, matemáticas y estructuras derivadas del aprendizaje académico recibido, las cuales resultan muy difíciles para la comprensión de un público no científico.

Mi gran obsesión de construir conocimiento encontró en la cocina un instrumento fantástico. Como profesor de química siempre me he valido de la cocina para explicar ciencia, pero ¿cómo explicar la ciencia al mundo de la gastronomía?

Mis colaboraciones con Ferran Adrià, Joan Roca, Andoni Aduriz y otros grandes cocineros me han ido guiando en este trayecto, pero les puedo asegurar que es extremadamente complejo.

Cuando abordamos con Ferran y Albert Adrià la confección del *Léxico científico-gastronómico*, publicado en 2006 y traducido a muchos idiomas, constaté la complejidad. Los primeros borradores fueron un fracaso absoluto. Ferran y Albert me los devolvían indicando que no se entendía. Eran textos "científicamente" correctos, pero no cumplían el objetivo de ser textos comprensibles para el mundo gastronómico.

El trabajo conjunto con ambos cocineros transformó el texto en "comprensible". La necesidad culinaria del momento obligó a su publicación, seguramente sin perfeccionar más la comprensión, pero ya con unos años de perspectiva, esa semilla ha ido propiciando la creación de conocimiento.

En 2010 se inicia el curso *Science and Cooking Harvard*, que explicaba ciencia a través de la cocina y que de la mano de Harvard ha llegado a todo el mundo en formato on-line. Un lujo y una consolidación de las ideas, pero todavía queda pendiente construir conocimiento en y para la gastronomía.

Con Davide Cassi de la Universidad de Parma lo hemos estado intentando desde el 2004, cuando nos conocimos en un curso llamado *¿Qué puede explicar la ciencia a la cocina?* Fue un evento excepcional en el que cocineros y científicos debatimos en torno a esta interrogante. Allí conocí también a Mariana Koppmann, quien está desarrollando una encomiable labor en la divulgación y formación científico-gastronómica.

En 2019 llegó el *Science and Cooking World Congress* a Barcelona. Durante el congreso y a propuesta de José Miguel Aguilera, al que nos unimos todos, decidimos alzar la voz a través de un manifiesto. Este fue:

Manifiesto Scientific Gastronomy Barcelona 2019

Reunidos en Barcelona profesores, chefs, investigadores, comunicadores y expertos de todo el mundo, que en las últimas décadas hemos contribuido a la comprensión e innovación de la gastronomía desde nuestras diferentes disciplinas, en el marco del Science & Cooking World Congress Barcelona 2019, que se ha celebrado en el Aula Magna del Edificio Histórico de la Universidad de Barcelona los días 4 al 6 de marzo, dentro de las actividades del III Congreso Catalán de la Cocina 2018-2019,

Acordamos lo siguiente:

Redactar este manifiesto dirigido al sector económico de la alimentación y la gastronomía, a la administración, a los responsables educativos y a la sociedad en general, para establecer los principios básicos de una nueva disciplina o ámbito de conocimiento que en los últimos años ha tomado forma.

1. La cocina es una actividad esencial para el ser humano, que lo distingue de los otros animales y que es necesaria para todos los aspectos de su alimentación y bienestar.

2. La cocina, por su propia naturaleza, evoluciona continuamente para adaptarse a los cambios sociales, económicos, éticos y de estilo de vida.

3. La ciencia es fundamental para generar nuevo conocimiento y, aplicada a la cocina, favorece la innovación culinaria.

4. El propósito de la cocina es modificar los alimentos para que sean más adecuados para el hombre: "buenos para comer", "buenos para pensar" y "buenos para la salud".

5. Estos conceptos de "bueno" no se pueden reducir a la interpretación de conceptos aislados, presentes en otras ciencias. Cada vez es más necesaria una visión propia nacida de una mirada holística de todo lo relacionado con la cocina.

6. La formación superior profesional o universitaria debe incorporar nuevos conocimientos culinarios basados en la evidencia científica en los programas y actividades vinculados a la cocina.

7. Por todo ello, la Gastronomía Científica, entendida como ciencia culinaria y gastronómica, debe ser considerada una disciplina nueva e independiente, con sus propios paradigmas, que se relaciona con otras ciencias de manera constructiva.

8. Las administraciones deben incorporar esta nueva realidad en la planificación de los programas de formación, de investigación y de promoción de la innovación, con total equivalencia al resto de ámbitos o áreas de conocimiento reconocidas.

9. La innovación culinaria dentro del ámbito profesional y la generación de doctorados específicos, en el ámbito de la educación superior, deben ser potenciadas como finalidades de este proceso de normalización.

10. La Gastronomía Científica propugna los 17 objetivos de desarrollo sostenible propuestos por Naciones Unidas, en especial los valores globales de sostenibilidad, responsabilidad social y humanidad.

Por todo lo anteriormente indicado, los promotores del presente manifiesto acuerdan trabajar conjunta y cooperativamente para que esta nueva disciplina, la "Gastronomía Científica", sea promovida y difundida a través de todo tipo de actividades. Asimismo, para realizar un seguimiento periódico de la evolución de estos objetivos se acuerda la creación de congresos de "Science and Cooking" periódicos y la creación de un órgano de seguimiento que actúe como observatorio permanente denominado "Barcelona Observatory on Science and Cooking".

Barcelona, 6 de marzo de 2019

En este contexto, en septiembre de 2019, visité Santiago de Chile invitado por José Miguel Aguilera, que estaba consolidando su gran movimiento de "Ingeniería Gastronómica" y fue cuando conocí a Heinz, que ya me mostró su gran inquietud por la divulgación científico-culinaria. Nos fuimos comunicando y me invitó a visualizar sus cursos de Ciencia y Cocina. **Quedé impresionado y descubrí que desde su formación culinaria y con herramientas de cocina, la respuesta a esa pregunta de si se puede explicar ciencia y cocina para no científicos era posible.** Como no podía ser de otro modo, intenté colaborar con él en sus extraordinarios cursos y lo invité a explicar su procedimiento en el *Science and Cooking World Congress* Barcelona 2021. Allí, en una ponencia memorable, "Formación del nuevo profesional gastronómico, conocimiento científico para cocineros", explicó cómo la divulgación científica sobre gastronomía es posible a través de cursos presenciales y on-line, al tiempo que realiza un trabajo pedagógico en redes como Instagram, TikTok y Youtube. Su objetivo es acercar la ciencia a los cocineros de una manera atractiva, dinámica y sencilla, utilizando muchos recursos visuales y dándole un sentido práctico a todo el aprendizaje teórico.

Al acabar la ponencia se me acercó y me preguntó:
—¿Qué te ha parecido mi exposición?

Mi respuesta fue rápida:
—Te tengo envidia.

Cómo puede ser que después de tanto tiempo persiguiéndolo, Heinz lo consiga de una forma tan natural y pragmática. Ahora nos planteamos hacer un *Science and Cooking World Congress Cours* para aprovechar todo el potencial de los ponentes de los diferentes congresos.

Sabemos que no podemos competir con el *Esto es ciencia y cocina* de Heinz, por tanto seremos complementarios, o mejor dicho, sinérgicos. En este *Science and Cooking World Congress* Barcelona 2023 y en los venideros, Heinz formará parte de la Organización del Congreso, en un intento de aprovecharnos de él al máximo.

La evolución de su procedimiento aplicado a este libro es cerrar el círculo a su metodología. Muchas gracias, Heinz, por contribuir a que la gastronomía avance.

INTRODUCCIÓN

¿CÓMO LA CIENCIA BENEFICIA A LA COCINA?

Por

HEINZ WUTH

Tenía nueve años cuando todo comenzó. Ver cocinar a mi madre y a mis abuelas me daba tranquilidad, curiosidad, y además la comida era deliciosa. Era una época donde existía la televisión por cable, así que me deleitaba viendo documentales sobre hoteles y sus gloriosos chefs, con sus gorros altos e impecables chaquetas blancas. Creo que ya desde esa época quise ser como ellos, un chef.

Fui un niño muy curioso, travieso e hiperactivo, lo que trajo más de algún problema a mis padres. Para ayudarme a canalizar toda esa energía (para tranquilizarme) me daban libros, por lo que adquirí un gusto especial por la lectura. Enciclopedias, tomos de biología, ciencias naturales y química eran libros de consulta diaria que me acercaron a la ciencia, aunque jamás la relacioné con la cocina que veía en mi casa.

Al estudiar la carrera de gastronomía, aprendí maravillosas técnicas y recetas, pero mi curiosidad innata siempre me estimuló a ir más allá. Recuerdo llenar de preguntas a mis docentes, muchas de las cuales se quedaron sin respuesta. Fue en la clase sobre huevos pochados donde todo cambió. El profesor

decía: "calienten el agua a hervor muy suave, añadan vinagre y quiebren el huevo, dejen a temperatura controlada por 2 minutos". Inmediatamente consulté "¿por qué se añade el vinagre?". Las respuestas eran vagas o del tipo: "porque así es la receta y así se consigue el resultado". Inconforme, me lancé a la tarea de encontrar la respuesta por mi cuenta. Me frustraba encontrar recetas sin ninguna explicación en los libros de cocina, por lo que acudí a los libros de ciencias en casa de mis padres, en específico al capítulo de química que hablaba de proteínas, encontrando lo que necesitaba.

Me di cuenta de que lo más sencillo puede tener una explicación, y que la cocina está llena de procesos. Las áreas científicas nos pueden explicar prácticamente todo, pero esas explicaciones muchas veces se vuelven complejas, inentendibles, debido al lenguaje técnico. Esa fue mi motivación como cocinero, proponerme a investigar, experimentar e interpretar los fenómenos desde un lenguaje culinario simple. Llegó un momento donde era tanta la información que la cabeza me iba a explotar, así que opté por compartir estos hallazgos, primero entre mis colegas y estudiantes, y luego en blogs, diversos medios y redes sociales. Así nació este divulgador científico culinario.

¿Cómo la ciencia beneficia a la cocina? Todo alimento está formado por moléculas, como la mayonesa, que es una dispersión de moléculas que forman una textura y no requiere cocción. O cuando doramos una carne, alterando esas moléculas creando una nueva

sensación y un nuevo sabor. Comprender la composición y transformación de los alimentos nos ayudará a poder crear platos más sabrosos, seguros y atractivos.

Es un desafío motivar a profesionales y aficionados a aprender y valorar la ciencia, pero la cocina ha sido una gran aliada en esto, porque me ha permitido hacer de la ciencia algo accesible, interesante, entretenido y educativo.

Este libro es una invitación a pensar y reflexionar, a aprender y comprender los impactos de la ciencia en los alimentos. Es un texto que estimula el conocimiento, genera debate y busca el aprendizaje desde la cocina cotidiana.

"Era una época donde existía la televisión por cable, así que me deleitaba viendo documentales sobre hoteles y sus gloriosos chefs, con sus gorros altos e impecables chaquetas blancas. Creo que ya desde esa época quise ser como ellos, un chef".

CAPÍTULO Nº 1

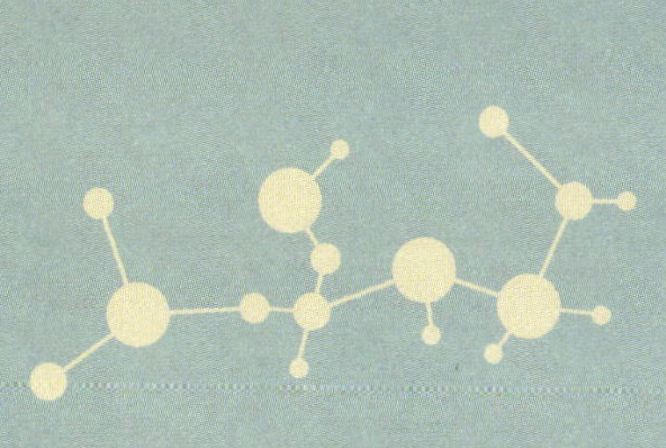

¿QUÉ ES COCINAR?

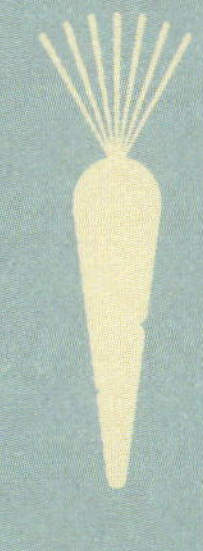

1.1

¿Qué es cocinar?

Debemos hacerle honor al concepto que inspira el libro: la cocina, ese espacio en el que se preparan alimentos, que puede ser un sitio sencillo o profesional. Pero ¿cómo se define realmente la palabra cocina?

Estoy pensando en muchas definiciones...

Podríamos romantizar todo el día sobre la alegría de cocinar, pero en el contexto de la ciencia, debemos partir desde las definiciones base, motivo por el cual acudiremos al diccionario de la Real Academia Española (RAE):

Cocinar
(Del latín coquināre)
1. tr. Guisar, aderezar los alimentos. U. t. c. intr.

De este verbo se desprenden otros dos:

Guisar
(De guisa)
1. tr. Preparar los alimentos sometiéndolos a la acción del fuego.

Aderezar
(De derezar)
1. tr. Componer, adornar, hermosear. U. t. c. prnl.
2. tr. Guisar, condimentar o sazonar los alimentos.

Es interesante analizar la descomposición de la palabra cocina. Si hablamos de guisar, nos referimos a cocciones, ya que sometemos alimentos al calor. En tanto, aderezar se refiere a la sazón, independiente de si esos ingredientes tienen cocción o no.

»Entonces, ¿cocción y cocinar no son lo mismo?

Volvamos al diccionario:

Cocción
(Del latín *coctio, -ōnis*)
1. f. Acción y efecto de cocer o cocerse.

Cocer
(Del lat. vulg. *cocere,* y este del lat. *coquĕre*)
1. tr. Hacer comestible un alimento crudo sometiéndolo a ebullición o a la acción del vapor.

Para conseguir una cocción o para cocer un alimento necesitamos del elemento temperatura, que debe ser suficiente y continua para transformar el producto de crudo a cocido. Influye el tipo de alimento, ya que todos tienen sus parámetros y tiempos específicos, sin olvidar que muchos pueden medirse en puntos o grados de cocción (como a quienes les gustan las carnes de menos o más cocción).

En resumen, **cocinar significa, en términos básicos, la preparación de alimentos, ya sea aplicando cocción y/o sazonándolos**. Es esta la palabra clave que agrupa a todos los conceptos culinarios que implican procesos más específicos como amasar, hornear, estofar, hervir, salpimentar, entre tantos otros.

» Debe ser realizado por alguien profesional

La definición anterior da cuenta de que cualquier persona, en teoría, puede cocinar, puesto que se trata de preparar alimentos independientemente de su complejidad. A modo de ejemplo, cocinar es preparar una sopa de cebolla, y también tomar un tomate, partirlo a la mitad y añadir sal. Cocinar es también el acto de hervir agua para hacer un café.

» En ese caso, cualquiera puede cocinar

En efecto, ya que se trata de preparar algo para comer o beber, sin importar la experiencia del que lo haga. Si empezamos a comparar, veremos que los cocineros profesionales están capacitados para la realización de este arte y cuentan con amplios conocimientos en materia de ingredientes, mezclas y técnicas culinarias, lo que les permitirá lograr preparaciones atractivas y hedonistas. Son especialistas en la materia (como un electricista a la electricidad). Además deben preocuparse por la organización necesaria para poder cocinar, desde la adquisición de insumos, estandarización de recetas y el respeto por la inocuidad o seguridad alimentaria, entre otros varios objetivos a planificar para que los platos salgan de manera correcta. Por otro lado, tenemos a quienes cocinan por afición o gusto, donde generalmente se practica una cocina a escala menor, ya sea para uno mismo o para un grupo familiar o de amigos. No podemos comparar quién lo hace mejor (o más sabroso), porque ambos tipos de cocineros enfrentan escenarios distintos y tienen diferentes objetivos. Todos podemos cocinar, solo necesitamos de la motivación.

» ¿Y qué pasa con los que afirman que no saben cocinar?

Teóricamente todos podemos hacerlo. Sería más acertado decir "no quiero cocinar" o "no me atrevo a cocinar". Se trata de tener el ánimo y las ganas de hacerlo, la responsabilidad y el deber.

» ¿Y los cocineros pueden hacer de todo?

El cocinero profesional puede saber sobre muchos alimentos y poco le costará aprender sobre nuevos, pero al existir tantos estilos, culturas culinarias y técnicas, el abanico de posibilidades se hace infinito. Por eso, hoy la cocina tiene especialidades y el cocinero opta por alguna de ellas.

» ¿Especialidades?

¡Sí, como en la medicina! El profesional debe estudiar la medicina general y luego elige y se prepara para su especialidad, ya sea cardiología, obstetricia o cirugía. En gastronomía pasa algo parecido, guardando las proporciones profesionales, pero después de estudiar cocina básica o general, cada quien elige su camino de especialidad. Por eso encontramos a especialistas en pastelería, panadería, charcutería, bollería, chocolatería, confitería, cocina internacional, asadores, entre otras tipologías.

» Pensaba que el cocinero solo hacía comida salada...

Se acostumbra a diferenciar al cocinero del pastelero, pero históricamente todos parten siendo cocineros, para luego derivar en algún oficio de especialidad. El título de cocinero data del siglo XVI. Fue el rey de Francia Enrique IV quien bajo decreto real declara el oficio de *Cuisinier porte-métal* (cocinero que porta metal), ya que acostumbraban a cubrir sus alimentos con campanas de metal (cubreplatos). Años más tarde, en 1776, fue el rey Luis XVI quien incorporó varios oficios de especialidad culinaria en el libro denominado *Guía de sociedades mercantiles y comunidades de artes y oficios*, otorgando cierto reconocimiento a muchos de los trabajos antes mencionados.

Con los años, hubo una gran evolución de estos trabajadores, muchos de los cuales se convirtieron en maestros de oficios culinarios, con lo cual fue sencillo dividir los roles de la cocina salada y de la dulce. Hoy, cada rama se divide en múltiples opciones, y entre los profesionales no hay límites. Extraen conocimiento del universo dulce y salado y lo aplican. En definitiva, por eso en la actualidad hablamos de cocinero de especialidad y no de cocineros de sal o de dulce.

» Habías mencionado algo de las cocciones...

Si cocinar es preparar, cocer es someter a temperatura. ¡He aquí la disyuntiva! ¿Cuándo podemos considerar que algo está cocido? Determinar que algo esté cocido es complejo, porque depende de muchos factores, como la cultura y los gustos personales. Una carne de vacuno, por ejemplo, a muchos les puede gustar menos cocida, mientras que otros la prefieren hecha. En cada extremo habrá comentarios defendiendo que está crudo, quemado o suela de zapato. La ciencia analiza esto de manera objetiva. Cocer significa alterar la estructura molecular para generar cambios beneficiosos. Dicha alteración debe explicar cómo las temperaturas desnaturalizan las proteínas o modifican almidones, cambiando la percepción sensorial del alimento, generando diferentes aromas, sabores y texturas.

» ¿Hay ejemplos?

¡Claro! Tomaremos como ejemplos distintos grupos de alimentos y diremos qué es lo que debiera ocurrir con ellos al ser sometidos a cocción. Daremos temperaturas referenciales, que pueden variar según el tipo de alimento y factores como la humedad relativa, la altura o la técnica aplicada. Otro factor crucial a considerar es el tiempo durante el cual el alimento está en contacto con esa temperatura. La siguiente tabla nos permitiría, teóricamente, afirmar que sí hay cocción de alimentos.

GRUPO DE ALIMENTO	COCCIÓN SIGNIFICA	TEMPERATURA APROXIMADA
Carnes rojas	Desnaturalización de proteínas, debilitación del colágeno o el colágeno se transforma en gelatina	Puede empezar desde los: 45 A 55°C
Carnes blancas (aves y similar)	Desnaturalización de proteínas, debilitación del colágeno o el colágeno se transforma en gelatina	Puede empezar desde los: 50 A 55°C
Pescados	Desnaturalización de proteínas, debilitación del colágeno o el colágeno se transforma en gelatina	Puede empezar desde los: 40 A 55°C
Crustáceos y mariscos	Desnaturalización de proteínas, debilitación del colágeno o el colágeno se transforma en gelatina	Puede empezar desde los: 40 A 55°C
Huevos	Desnaturalización de proteínas, coagulación parcial de albúminas	Puede empezar desde los: 57 A 60°C
Vegetales en general	Debilitación de celulosa, hemicelulosa y pectinas	Puede empezar desde los: 70 A 85°C
Tubérculos	Debilitación de celulosa, hemicelulosa y pectinas. Hidratación y gelatinización de almidones	Puede empezar desde los: 70 A 85°C
Cereales y legumbres en general	Debilitación de celulosa, hemicelulosa y pectinas. Hidratación y gelatinización de almidones	Puede empezar desde los: 60 A 80°C

Recuerda que todo lo anterior, especialmente las temperaturas, no las podemos considerar como absolutas, sino como referencias. Considera siempre, además, una correcta seguridad en la manipulación de alimentos (ya sea por iniciativa profesional o por normativa del país).

¡Empecemos a cocinar!

Cocinar significa preparar y sazonar alimentos y cocer corresponde a cocinar con temperaturas altas. La cocina está disponible para todo tipo de personas, profesionales o aficionados, no es un arte sagrado ni una ciencia exacta. Para cocinar solo necesitamos de la motivación de querer preparar algo para el consumo y el disfrute. ¡Sigamos aprendiendo!

1.2

¿Cómo funciona el sabor? 

Comemos porque es esencial para la nutrición de nuestro cuerpo, pero también lo hacemos porque nos encanta, por el hedonismo del sabor. Por eso, cada vez que comemos inconscientemente esperamos tener una deliciosa experiencia. La química nos ayuda a identificar y entender diversos componentes constructores de sabores en nuestros platos. Entender cómo funciona el sabor nos ayudará a reflexionar sobre cómo podemos conseguir más goce a la hora de consumir alimentos.

» Espera... ¿comemos componentes?

En teoría sí, porque los componentes son moléculas formadas por diferentes elementos químicos que determinan las diferentes características organolépticas del ingrediente, como sabor, aroma y color, y están presentes en toda la variedad de alimentos. Cuando los consumimos, se mezclan en nuestra boca muchos de esos componentes, lo que determinará el sabor que sentiremos.

» ¿Y qué es el sabor, cómo lo percibimos?

Definimos sabor como la sensación que producen los alimentos y sustancias similares, sensaciones que son percibidas a través de la lengua. La lengua está formada por miles de papilas gustativas, las que están compuestas por grupos de células receptoras que se conectan a ramificaciones nerviosas. En el fondo, cuando masticamos el alimento, los dientes lo reducen a tamaños más pequeños, luego la saliva los disuelve y lubrica el alimento, de esa manera la lengua con sus papilas empieza a recibir esta información a través de las células receptoras. Posteriormente, envía esta información por las ramificaciones del sistema nervioso, la que es recibida por el cerebro. Esas señales son devueltas y es cuando sentimos el sabor del alimento. Recordemos que esto sucede en breves segundos y ocurre continuamente para todos los otros alimentos y bocados que son consumidos.

» Entonces, la lengua es lo principal del sabor...

Es importante, pero tranquilos, estamos recién comenzando. Al interior de la boca tenemos el paladar, que también tiene células receptoras, donde chocan los alimentos mientras se beben o mastican, aunque la lengua es más relevante. Antiguamente se creía que la lengua estaba dividida en cinco zonas en las que sentíamos los sabores dulces, salados, ácidos, amargos y umamis. En la punta solo sentíamos sabor dulce y a los costados los ácidos y amargo. Esta teoría ha sido desmentida y en la actualidad sabemos que los receptores están repartidos por toda la lengua. Ya hablaremos de los sabores previamente mencionados, pero antes debo decirte algo crucial. ¿Qué pasaría si te dijera que la lengua y el paladar son vitales, pero son apenas responsables de un 20 % del sabor? El 80 % restante depende de nuestro olfato; los aromas definen la percepción de los componentes volátiles, siendo el sistema olfativo el gran protagonista.

» ¿El aroma determina el sabor?

En efecto, antes de consumir el alimento se tiene la costumbre de olerlo, así nos hacemos una mejor idea de cómo será su gusto. Cada ingrediente y cada platillo tiene su aroma característico, determinado por muchos componentes que interactúan con nuestro olfato. Entonces, ¿cómo el aroma determina el gusto de los alimentos? Usemos de ejemplo el comer una manzana.

1. Primera interacción: tomamos la manzana y la olemos, no huele muy intenso, ya que los aromas están atrapados en sus membranas celulares. Nos preparamos a comerla, empezamos a salivar para lubricar la boca.

2. Primera masticación: al morder la fruta, rompemos la piel y hacemos que los componentes volátiles salgan y podamos percibirlos con el olfato vía nasal. Nuestra lengua percibe los primeros sabores característicos a través de las papilas.

3. Masticación + salivación: a medida que se mastica, generamos más saliva para que la manzana sea mejor disuelta, así la fruta tiene mayor superficie de contacto y se puede sentir mejor en las papilas para mayor percepción de sabor. Durante la masticación, se siguen emanando componentes volátiles que chocan con el paladar y viajan internamente hacia la "nariz interna", vía retronasal.

4. Vapores vía retronasal: los componentes volátiles viajan por las cavidades internas y llegan al bulbo olfativo. Sentimos aromas aún más intensos.

5. Olfato vía retronasal: al bulbo olfativo llegan esos volátiles internos, pero también llegan los volátiles externos vía nasal, ambos interactúan, y esos impulsos son conducidos al cerebro.

Ortonasal: una manera sencilla de entender cómo sentimos el sabor de los alimentos y podemos describir el gusto. Primero, olemos el alimento a través del olfato ortonasal (A), luego sentimos el sabor del alimento a través del sistema gustativo, principalmente por la lengua (B). Finalmente, los volátiles generados en B viajan por la cavidad retronasal y en ese sector sucede el olfato retronasal (C), donde se suma a los volátiles generados en A. En el fondo, es la sumatoria de estos 3 procesos los que nos ayudan a determinar el sabor y gusto de los alimentos.

6. Respuesta del gusto: con los aromas en el bulbo olfativo y los sabores dentro de la boca, tenemos la mezcla que determina el gusto final, en este caso de una deliciosa manzana.

» Interesante lo del retronasal...

Claramente es la etapa que determina los resultados de sabor del alimento. Es por ese motivo que cuando estamos resfriados y con la nariz congestionada dejamos de percibir sabores, o lo hacemos de manera muy tenue. Por consiguiente, todo lo generado en la cavidad retronasal será importante para determinar el gusto. Ahora, es importante diferenciar el "gusto" del "sabor".

» ¿Gusto y sabor no son lo mismo?

En la vida diaria ambas palabras se emplean para describir lo mismo, pero para la ciencia hay una diferencia. Si el sabor es la sensación que dan los alimentos, el gusto es lo que ocurre dentro de la boca producto de la interacción de las papilas y la acción retronasal. Pongámoslo de la siguiente manera: el sabor ocurre por muchos componentes saborizantes y aromáticos que pueden ser identificados, por eso decimos "sabor dulce", "sabor a fresa", "sabor a carne". La ciencia le llama sensación sintética, es algo objetivo. En el caso del gusto, nuestro cerebro nos da múltiples respuestas saborizantes y aromáticas y las interpretamos según nuestro pensar, por eso decimos "está delicioso", "no sabe muy bien" o "este vino sabe a frutos secos". Por ese motivo, el gusto se cataloga generalmente como subjetivo, ya que puede saber diferente entre las personas, algo puede agradar o no. Con todo, existen concesiones generales de la respuesta del gusto, un apartado que ha sido ampliamente estudiado por la ciencia, como la gastrofísica.

» Volviendo a los sabores, ¿cuántos existen?

La clasificación de los sabores depende de un tema cultural, ya que cada cual tiene su interpretación. Científicamente, para que un sabor sea aceptado y catalogado, debe ser percibido e identificado por uno o varios receptores específicos ubicados en las papilas. Esta es la base para hablar de cinco sabores principales que encontramos en todo el reino animal y vegetal:

1. Dulce: sensaciones azucaradas, muy aceptadas. Son elementos ricos en energía donde sus componentes son azúcares y otros como glucosa, fructosa y glicerol.

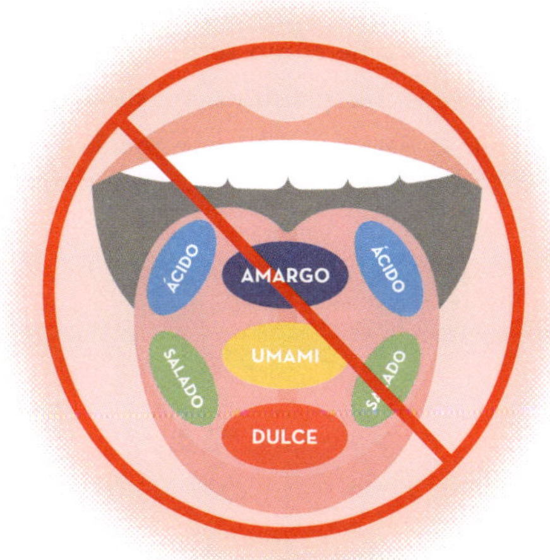

Antiguamente, se creía que la lengua estaba dividida por sectores que perciben ciertos sabores. Esto ha sido desmentido, pues fue una mala traducción del libro de M. Henning. Lo que el autor quería decir era que nuestra lengua tiene sectores que son más sensibles hacia ciertos sabores.

2. Salado: el clásico, entregado por la sal (cloruro de sodio). También existen alternativas, como sales potásicas que nos otorgan las mismas sensaciones.

3. Ácido: presente en muchos cítricos y típico de productos fermentados. Este sabor se genera por una alta presencia de iones de hidrógeno que nos causan esa característica sensación. Ejemplos son los ácidos málicos, cítricos, tartáricos, acéticos y lácticos.

4. Amargo: un sabor agradable para algunos y no tanto para otros, puesto que nuestro cerebro lo asocia a "veneno natural". El sabor es causado por componentes orgánicos, como alcaloides, flavonoides, polifenoles y terpenos. Buenos ejemplos son la quinina y la cafeína.

5. Umami: se hizo popular durante el siglo XX, proveniente del lado oriental. Es denominado como el sabor de los aminoácidos y nucleótidos, descritos como sabor a "sabroso, a carne y algas". El ejemplo más común es el ácido glutámico.

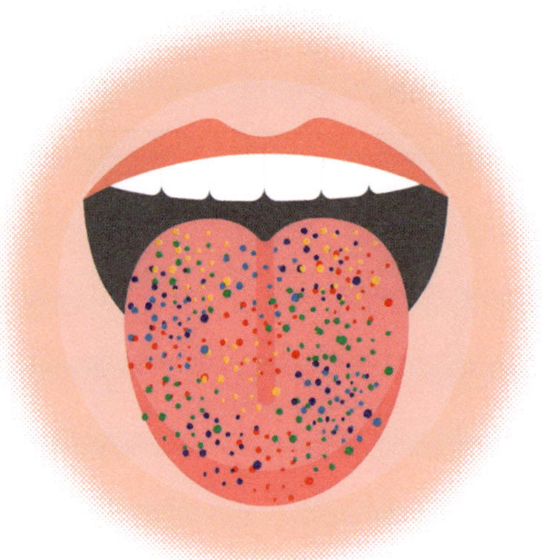

Sabores lengua: se sabe que nuestra lengua puede sentir los sabores en toda la superficie, gracias a los receptores de nuestras papilas gustativas, las cuales mandan una señal a nuestro cerebro e identifican el sabor y nos ayudan a describir el gusto.

» ¿Y puede haber más sabores?

Sí, pues dependen de la cultura. El umami siempre estuvo presente en la cultura oriental japonesa, siendo introducido hace pocas décadas al lado occidental. En la India, se habla del oleogusto, descrito como el sabor propio de las grasas y el sabor astringente dado por el ajo o las cebollas. Es un tema interesante.

Si sabemos que existen cinco sabores básicos, presentes en los alimentos, ¿cómo es que percibimos sabores únicos en los ingredientes? Las ostras, por ejemplo, las hay saladas, algunas dulces y también tienen sabor yodado. El regaliz sabe dulce, pero su componente de ácido glicirricínico es lo que lo hace tan especial. Estas particularidades se denominan matices gustativos, definidos como esas sensaciones propias de los alimentos con notas gustativas determinadas, ya conocidas: yodado, ahumado, metálico, balsámico, picante, rancio, cárnico, etcétera.

» ¿Hay factores que influyen en el gusto?

Como todo en la ciencia, siempre hay factores que influyen en el resultado. Para el caso del gusto, podemos partir con la vista, recordando que todo entra primero por los ojos, con formas y colores que influyen sobre el apetito, ya que es la primera información percibida antes del aroma y sabor. Después tenemos las texturas, que repercuten drásticamente en el gusto. Por eso, es bueno tener elementos suaves, jugosos, consistentes, crujientes, que permitan que al masticar se liberen múltiples componentes. Hay otros factores como la cantidad de saliva presente en la boca, el estado de ánimo, nivel del ruido ambiente, adaptación cultural del gusto y tantos más. La sumatoria de todos determina el gusto que percibimos sobre los alimentos. Existe algo que me gusta destacar que es la adaptación del gusto.

» ¿Adaptación del gusto?

Lo podemos comprender de dos maneras: cultural y sensorial. En el caso cultural, cada país, ciudad o pueblo está acostumbrado a ciertos sabores socialmente aceptados, por ese motivo es que muchas culturas prefieren alimentos fermentados, condimentados, más agridulces o picantes. Cuando visitamos otros países y probamos aquellas tradiciones culinarias, nos pueden parecer novedosas o simplemente no agradarnos. Por otro lado, tenemos la adaptación sensorial del gusto, donde podemos analizar las repeticiones y entrenamientos del gusto. Cuando comemos mucho de un tipo de alimento, nos genera una adaptabilidad que se traduce en fatiga gustativa, es decir, al comer de una bolsa de papas fritas, al principio nos resulta agradable, pero después de comer en cantidad, nuestro cerebro ha recibido tantas veces la señal de aroma y sabor de las papas que cansa, aburre, y vamos perdiendo el sabor a papas fritas. Es una especie de sobreestimulación. Ahora bien, si untamos una de esas papas fritas en una salsa, sentiremos un sabor nuevo, lo cual reactiva el cerebro y nos permite saborear nuevos matices. Así pues, si seguimos comiendo solo papas, volveremos a saborearlas y el ciclo se puede seguir repitiendo.

Pasa también con el entrenamiento del gusto. Si tenemos el hábito de consumir constantemente algún tipo de alimento, nuestro cerebro se adapta, lo que nos permite sentir nuevas sensaciones cada vez que lo probamos. Les pasa a los baristas o bebedores habituales de café, quienes buscan nuevas variedades, aumentando la intensidad o dosis de la bebida. Ocurre también con los aficionados al picante, que se vuelven más resistentes y pueden consumir, con el pasar de los años, picantes más intensos.

» ¿Cómo usar este conocimiento a nuestro favor?

Podemos aplicar este aprendizaje al cocinar o consumir alimentos. He aquí algunas sugerencias:

I. Comprender que todos comemos de manera diferente

Toda persona huele y mastica los alimentos de distinta manera, así como también tiene una estructura cultural diversa. Guiar sobre cómo consumir un alimento es un buen comienzo; de hecho, muchos restaurantes de la actualidad explican "cómo debemos degustar el plato".

2. Entender el masticar

Mientras más mastiquemos, más saliva generaremos, percibiendo así más sabores y aromas. Es recomendable darse el tiempo para masticar tranquilamente. Como dato, al comer fresas, si las masticamos por más de 30 segundos, generamos un componente llamado etilbutirato, el cual nos entrega más sabor a fresa.

3. Pensar en platos que nos motiven a comerlos de varias maneras

Hemos de pensar en cómo se va a comer aquello que cocinamos: con cubiertos, con las manos, empezar masticando por aquí, finalizar por acá. La pizza, por ejemplo, causa una sensación diferente al morder por la punta, por el borde de la masa o al doblarla.

4. Disminuir la adaptación sensorial

Como los platos son mezclas de varias preparaciones e ingredientes, la idea es que haya variedad para evitar que nuestro cerebro se "aburra". En una sopa, por ejemplo, si hay trozos de ingredientes o crutones de pan, nos dará nuevas sensaciones cucharada a cucharada.

5. Experimentar con sabores y texturas

En la variedad está el gusto. Sabores y texturas para generar mejores experiencias al comer.

1.3

Solubilidad: la clave en el gusto de los alimentos

Ya hemos aprendido sobre la función del sabor y cómo genera esas espléndidas sensaciones en nuestro cerebro a la hora de comer. Ahora profundizaremos en cómo los alimentos desprenden su sabor, aprendiendo del concepto de solubilidad y cómo podemos usarlo en la cocina.

» ¿Qué es solubilidad?

La química define esta palabra como la capacidad de una sustancia de disolverse en otra, lo que denominamos un soluto y un solvente. Cuando cocinamos, trabajamos con ingredientes que pueden disolverse en otros, creando un conjunto de sabores nuevos. Al entender la capacidad de disolución de los ingredientes, podemos intentar extraer mucho más sabor de ellos.

» ¿Y cómo podemos obtener más sabor de los alimentos?

Existen muchos métodos. Veamos uno. Si sabemos que los alimentos son principalmente agua, mucho del sabor propio, saborizantes, colorantes y componentes aromáticos, estarán disueltos en ella. Podemos agregar agua extra u otro líquido para captar esos componentes y luego traspasarlos a esa preparación que queremos realizar. Esta es otra forma de cocinar.

» Entonces, voy a añadir bastante más líquido a mi receta...

¡Cuidado con los excesos! Al añadir más líquido diluimos sabores, dispersándolos, quedando nuestra preparación "aguada". Cocinar es un tema de cantidades: si queremos más sabor, añadimos solutos (ingredientes) a nuestro solvente (líquido) hasta obtener lo que queremos. Pero ¿en qué solvente puedo disolver mis ingredientes?

» Veamos solventes

Los más utilizados son el agua y el aceite. Entonces, ahora tenemos que hablar de componentes hidrosolubles y liposolubles. Los alimentos pueden disolverse en ambas fases, proceso mediante el cual nos entregan sus sabrosas características.

» Pero yo no veo que un tomate se disuelva en agua o aceite...

No es tan literal. Lo que debemos pensar es qué queremos extraer de cada alimento. Las características suelen ser color, aroma y sabor. También podría ser textura, aunque por ahora nos centraremos en los primeros tres. Ciertos componentes de alimentos determinan estas tres características, entre ellos, los compuestos hidrosolubles y liposolubles.

» Hidrosolubles

Es la característica más común del acto de cocinar, pues buena parte del aroma, sabor y color de los ingredientes se pueden disolver en líquido. Una manera de explicar la hidrosolubilidad es hacer un caldo de vegetales. Al disponer la cebolla, zanahoria, apio y hierbas en una olla con agua, a medida que comience a hervir, notaremos el aroma de los vegetales, ya que son transportados por el aire y el vapor. El caldo cambiará de color y luego, al probar, sentiremos el sabor de todos los ingredientes. A mayor tiempo de cocción, más disolución de componentes y mayor intensidad en esas propiedades. Estas reacciones suceden porque muchos de estos componentes son hidrofílicos y les encanta estar dispersos entre las moléculas de agua. Así, al momento de degustar ese líquido, notaremos esos sabores con facilidad, incluyendo que el agua propia de los alimentos también tiene esa capacidad. Por eso, al sazonar con especias, mucho de su sabor queda retenido gracias a la disolución. Los resultados influyen en el tamaño del ingrediente, tiempo y método de sazón empleado.

» Liposolubles

También hay alimentos ricos en lípidos como grasas, mantecas, aceites y mantequillas. Los aceites, al igual que el agua, pueden disolver y retener componentes aromáticos, saborizantes y colorantes. A modo de ejemplo, cuando hacemos frituras, el aceite acumula aromas del ingrediente, es el caso de los fritos de pescado, vegetales, papas o masas dulces. Si solo freímos papas en el aceite, notaremos que después de freír varias veces, las últimas papas saben mucho mejor. Eso se debe a la acción continua disolvente que tiene el aceite, concentrando características organolépticas, por eso la última tanda siempre tiene mayor sabor a papa.

Otro ejemplo interesante resulta al cocinar zanahorias en mantequilla. La grasa fundida tendrá el sabor del vegetal, pero también el color, ya que los carotenos de la zanahoria son liposolubles, por eso nos queda una mantequilla naranja. Todos esos componentes que prefieren las grasas se definen también como lipofílicos. Destacamos también la grasa contenida en las carnes. Su cocción en parrilla a leña o carbón contribuye a la disolución de los componentes del humo, los que decantan en los jugos de la carne, por eso el sabor queda tan sabroso y apetecible.

» ¿Hay otros líquidos solventes de alimentos?

Los principales son agua y grasas. Dentro de los líquidos, hay variedades como agua, jugos, vegetales, vinos y caldos. Un elemento para destacar es el alcohol (etanol), presente en muchos líquidos como cervezas y licores, los cuales también pueden disolver componentes. Ahora bien, los alcoholes se volatilizan más rápido, puesto que tienen un punto de ebullición más bajo que el agua. Por eso agitamos la copa al catar un vino, para que los componentes volátiles suban más rápido de forma que podamos apreciarlos mejor. En el caso de las emulsiones como la leche y crema, al tener agua y aceite, podrán disolver toda una variedad de componentes hidro y liposolubles, los cuales pueden entregarnos nuevas dimensiones de sabor en las recetas.

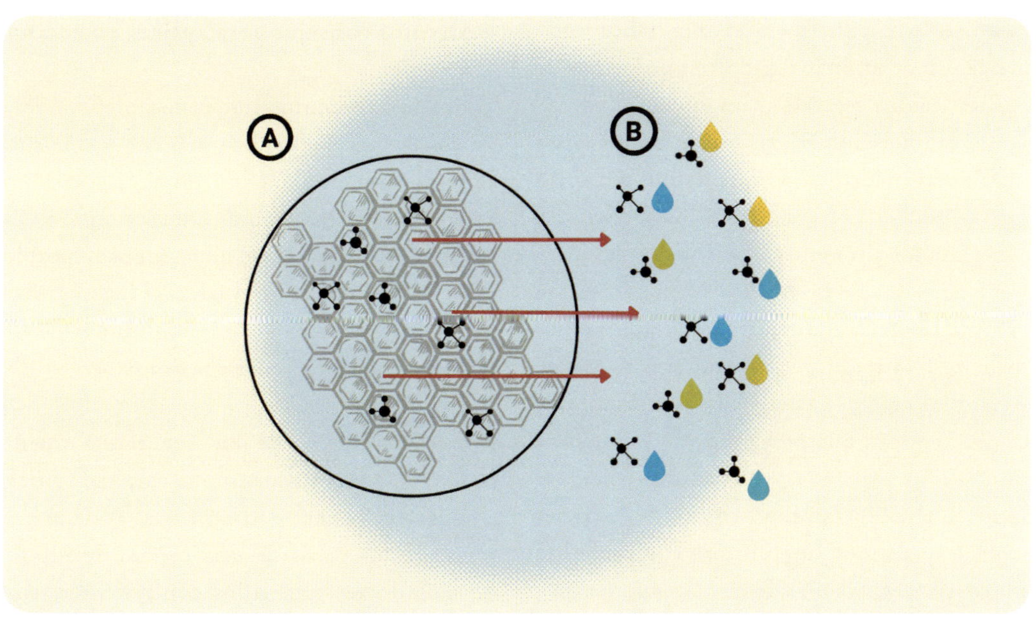

Disoluciones: un alimento en general (A) posee todo tipo de componentes aromáticos y saborizantes encerrados en sus membranas celulares. Después, al estar en contacto con otro tipo de líquidos (B), diferentes componentes tendrán más facilidad de disolverse ya sean hidrosolubles o liposolubles. Gracias a esas disoluciones, podemos sentir otro tipo de sabor y gusto en nuestros alimentos.

» ¿Cómo puedo aplicar mejor este conocimiento mientras cocino?

Durante la preparación y cocción de alimentos, agregamos una variedad de ingredientes que son sazonados de maneras diferentes. Cada alimento tiene su propio sabor, condicionado por diversos componentes concentrados al interior de su estructura celular, membranas o en su piel. Al cortar, moler, licuar, hervir, guisar y asar estamos rompiendo estas estructuras, lo que permite que liberen los componentes que pueden disolverse en otro líquido o alimento, a fin de armonizar esta mezcla culinaria.

El sofrito es un buen ejemplo. Vegetales cortados, principalmente cebolla, son cocinados lentamente con aceite y condimentos. Parte del agua de los vegetales se evapora y, el resto, disuelve las características de los condimentos. El aceite se infusiona también con los ingredientes, y disuelve otros componentes que son más liposolubles que hidrosolubles. Al final, conseguimos un producto lleno de sabor con pocos ingredientes. El agua y el aceite son capaces de disolver componentes de los mismos alimentos, y son las diferentes interacciones entre hidro y liposolubles los que otorgan ese gusto final en las recetas.

» ¿Y puedo cambiar o acelerar estas disoluciones?

En efecto, todo cambio influye en el resultado final. Lo primero pasa al entender que el calor acelera la disolución de los componentes, por eso las temperaturas en las cocciones son vitales. A modo de ejemplo: hervir es importante para que el aroma, sabor y color se disuelvan más rápido, como ocurre al realizar caldos vegetales. Sin embargo, si bajamos la temperatura, las disoluciones serán más lentas y efectivas, ya que damos tiempo a que el agua entre en contacto de forma más suave con los alimentos, y al no tener las burbujas agresivas de la ebullición, podemos lograr un caldo con muchos más componentes disueltos. Muy diferente resultaría si disponemos los vegetales en agua fría sin fuente de calor. Tendrán que pasar muchas horas para que el agua sepa a vegetales crudos. Por ese motivo, el calor también rompe las paredes vegetales para que liberen más componentes hidrosolubles, además de que las altas temperaturas los modifican para dar esos aromas y sabores conocidos a vegetales con cocción.

Otro ejemplo pasa con el café. Los baristas bien sabrán que para una correcta extracción del café, se debe aplicar una temperatura de 90 °C. Una temperatura más alta podría quemar el grano, alterando y sobrevolatilizando muchos de los frágiles componentes de aroma y sabor. Por el contrario, podemos usar únicamente agua fría para hacer una infusión (conocida como cold-brew), ya que después de varias horas, obtendríamos un café de bajo sabor amargo, más ácido y frutal.

» Algunos consejos para aplicar en cocina

Todos los alimentos tienen la potencialidad de disolverse en medios acuosos y oleosos, algunos funcionan mejor en agua, otros en aceite. Hacer una lista de componentes y sus compatibilidades sería muy extenso, por lo que la experimentación diaria es recomendada. De esta forma, podemos aprender desde la observación, cambiar y mejorar.

Emplear o no aceite en una receta puede cambiar significativamente su resultado final, al igual que la cantidad utilizada. Podemos ir variando los pasos de una receta, decidiendo cuándo se añaden los condimentos, como en guisos con sofrito, especias al inicio o al final. En pastelería, podemos añadir elementos como vainilla, cítricos u otros sabores a las grasas, para ver si perfuman, más que añadir sobre mezclas acuosas. También, debes usar vinos y licores moderadamente en recetas dulces y saladas, pues el alcohol disolverá otros componentes y los volatizará para olerlos con mayor intensidad. En fin, de lo que se trata es de asumir que si bien cocinar es una ciencia, no necesariamente debe ser exacta, y que todo cambio significa un nuevo concepto, un nuevo aprendizaje, que nos empuja a obtener lo mejor de los alimentos.

Betabel: los betabeles son tanto hidro como liposolubles. En la imagen vemos cómo parte de sus antocianinas son liposolubles y quedan depositadas al fondo, dejando su color, aroma y sabor en este medio.

Bolsa de té: en el caso de las hojas de té, gracias a que sus componentes son muy hidrosolubles, el agua se tiñe con su color, obteniendo los aromas y sabores característicos.

1.4

Químicos en la comida

En un mundo donde cada vez nos preocupamos más por lo que comemos, la lectura de los envases de alimentos trae información detallada que puede confundir a las personas. A diario, escuchamos frases como "¡alejen esos químicos de mí!" o "yo cocino sin químicos". Las etiquetas son complejas y, como dicen por ahí, si es impronunciable, es inseguro.

Este libro habla de ciencia, por ello vamos a usar definiciones contrastadas y certeras, con el objetivo de dejar de lado la desinformación.

» Pero yo evito usar químicos en la cocina...

A eso respondo con una pregunta. ¿Cómo evitas el uso de químicos en la cocina? Partiendo de la base de que hablamos de alimentos y no de insumos de limpieza.

Pensemos en un ingrediente básico, la cebolla, con su textura crujiente y aroma inconfundible. Ya aprendimos que el sabor está determinado por sus componentes saborizantes y aromáticos, los que están formados por elementos químicos como carbono, hidrógeno y oxígeno. La estructura de la cebolla tiene casi un 80 % de agua, y si recordamos materias básicas de la escuela, sabremos que el agua está formada por hidrógeno y oxígeno, otra vez elementos químicos. Al cocinar, aplicamos calor, lo que debilita sus membranas, se evaporan los líquidos y comienza a dorarse, todos procesos que son reacciones químicas.

» Ah, ok, ya estoy entendiendo...

Podría seguir. El delicioso sabor de los quesos, las carnes, algas y champiñones se debe al componente del ácido glutámico, formado por enlaces de hidrógeno, oxígeno y nitrógeno. La sal, que es el condimento más utilizado del mundo, posee cloro y sodio. El color intenso del betabel se debe a la presencia de antocianinas, formadas por complejos enlaces de hidrógeno y oxígeno, y los nutrientes que tanto buscamos en frutas, como la vitamina C, está formada por los mismos químicos antes mencionados enlazados de diferentes maneras.

» Y el veredicto es...

Todos, absolutamente todos los alimentos que existen están formados por elementos químicos. Sin estos componentes no tendríamos estructura ni materia. Por ese motivo, no podemos querer, desear o afirmar que queremos cocinar sin químicos.

Frutas y moléculas: los alimentos están formados por elementos químicos que forman moléculas, que poseen las diferentes funciones que determinan el color, aroma, sabor y textura de los propios alimentos.

» El problema es el uso de la palabra

En efecto, tras la palabra química hay mucho miedo irracional, pues no goza de popularidad entre la gente. Está asociada a sustancias tóxicas, peligrosas y nocivas (sí, todo eso formado por componentes) pero poco se habla del maravilloso sentido esencial de esta palabra. Hay que volver a conectar con la idea de que toda nuestra comida es una mezcla de elementos químicos, como el aire que respiramos o el agua que bebemos. Nuestro cuerpo está formado por agua, tejidos proteicos, huesos enriquecidos por calcio y un agradable ácido clorhídrico en el estómago para digerir todos estos alimentos. Somos química y necesitamos de la química para vivir y comprender lo que nos rodea.

» ¿Y qué hay de los químicos añadidos a la comida preparada?

Supongo que nos estamos refiriendo a los aditivos alimentarios, nombres como benzoato de sodio o sorbato de potasio suelen dar inseguridad, pero estos elementos son seguros de utilizar y están regulados por normativas alimentarias. Un aditivo es una sustancia química que otorga propiedades al alimento como conservante, colorante o modificador de textura. Un ejemplo común en los hogares es la sal de mesa, la cual se usa como sazonador, sin embargo, también tiene propiedades conservantes. Algo similar ocurre con los colorantes alimenticios para pastelería, los polvos de hornear para levar masas y la fécula de maíz para espesar salsas. Todos aquellos aditivos son añadidos para lograr características y propiedades específicas en los alimentos. En el caso del rubro profesional se han empleado bastante y son aceptados, puesto que los resultados, sobre todo para asegurar calidad e inocuidad alimentaria, son muy buenos. Como el uso del propionato de calcio para el efecto antihongos en masas de panadería, añadir ácido cítrico como conservador y antioxidante en frutas, y la goma xantana como espesante y texturizante en todo tipo de líquidos.

» Pero está la tendencia de evitar usar aditivos...

Y no es algo malo. Sabemos que, si en la etiqueta hay 2 o 4 ingredientes simples y fáciles de entender, será socialmente muy aceptado. Se les conoce como etiquetas limpias, en las que no hay aditivos. El problema es cuando se demoniza la utilización de estas sustancias químicas alegando que es por la seguridad y salud de las personas, donde la cantidad de desinformación circulando es aberrante.

El uso de aditivos es seguro y autorizado por organismos y expertos que aseguran la calidad e inocuidad de los alimentos. Ahora bien, nadie está obligado a su consumo y para ello usamos la libertad de elección a la hora de adquirir nuestros productos. Hay productos considerados de pocos ingredientes, pero un plátano tiene más de 70 componentes; la harina de trigo es el resultado de uniones de amilosa, amilopectina con proteínas como glutenina y gliadina. ¿Se entiende el punto? Incluso lo más natural tiene muchos componentes. El célebre científico Paracelsus dijo en el siglo XVI: "El veneno está en todo, y nada no tiene veneno, la dosis lo convierte en un veneno o en un remedio". Cada aditivo está regulado y se dispone de la información de consumo máximo diario por persona, así es que si nos vamos a intoxicar por ácido ascórbico presente en la naranja, deberíamos comer más de 10 mil unidades de esta fruta, y antes de esa sobredosis por el componente, tendríamos una poderosa indigestión.

» ¿Qué hay de los impronunciables?

Los nombres de los componentes químicos pueden ser confusos y hasta una especie de trabalenguas. Pero para la comodidad de las personas, se diseñan nombres amigables o comerciales a manera de conseguir una mejor comprensión de los ingredientes. Hay muchos ejemplos y me gustaría detallar algunos:

- **Hidróxido de hidrógeno = agua**
- **Cloruro de sodio = sal de mesa**
- **Sacarosa = azúcar común**
- **Hidróxido de sodio carbonatado = polvos de hornear**
- **1,3,7-trimetilpurina-2,6-diona = cafeína (del café)**
- **Ácido hexadecanoico; ácido (9Z,12Z)-octadeca-9,12-dienoico; ácido octadecanoico; ácido (9Z,12Z,15Z)-octadeca-9,12,15-trienoico; ácido (Z)-octadec-9-enoico = aceite de oliva, una parte de su composición**

» En conclusión...

Toda la comida es química y en la cocina vivimos de las reacciones químicas. La información entregada en este libro está escrita para proporcionar un mayor conocimiento que nos permita argumentaciones sólidas y decisiones seguras frente a sensacionalismos y desinformaciones. La química es positiva. Sea este libro una herramienta formativa y una guía de divulgación sobre lo que cocinamos, consumimos y comemos.

1.5

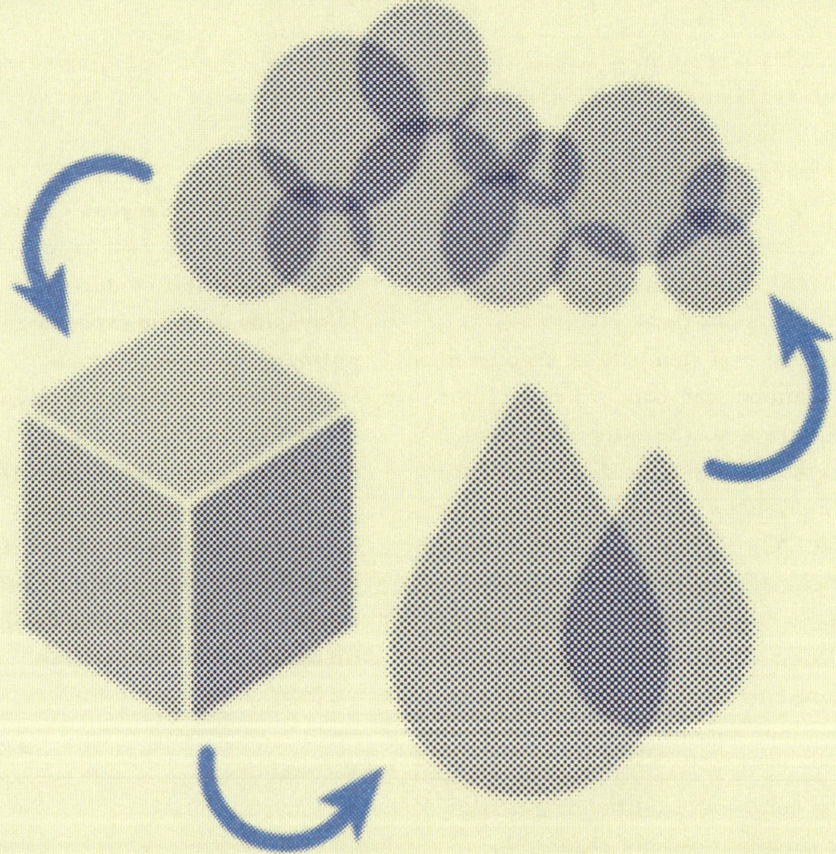

¿Los alimentos son sólidos, líquidos o gaseosos?

Al momento de comer nos concentramos en sentir texturas, sabores, pero ¿nos hemos parado a pensar en la estructura de los alimentos? ¿Cuál es el estado de la materia de lo que comemos?

» Parece pregunta de física...

Es posible, pero es bueno cuestionarse. Si recordamos lo que nos enseñaban en la escuela sobre los estados de la materia, se usaban ejemplos cotidianos fáciles de comprender, pero rara vez o casi nunca nos hablaron de la comida.

La estricta teoría de la materia explica que la clasificación dependerá de cuán juntas o separadas estén las moléculas. Analicemos el agua. Su estado típico será el líquido, si la congelamos como hielo será sólido y si sometemos el líquido al calor, se evaporará, pasando a un estado gaseoso. Hasta ahí es fácil, pero en el variopinto universo de los alimentos, es más complejo.

» ¡Lo que masticamos es sólido y lo que bebemos es líquido!

Puede ser una conclusión apurada. Utilicemos ejemplos comestibles. Las uvas son frutas firmes, a simple vista podemos decir que son sólidas, no obstante, al apretarlas o masticarlas notamos cómo su jugo sale (líquido) y nos inunda la boca. ¿Cómo es que un ingrediente que se ve sólido pasó a estar líquido sin la necesidad de aplicar calor? La comida necesita sus propias reglas, no aplican los estados de la materia como los conocemos.

» ¿Qué dicen los físicos?

La ciencia de la física es estricta en su teoría, pero también es consciente de cómo debe clasificar estos nuevos conceptos. De los estados ya mencionados, existe un área de la física denominada materia condensada, la que habla de los cambios a nivel macro o micro molecular y sus propiedades. Dentro de dicha área existe una subárea conocida como materia blanda condensada que habla de sistemas aún más complejos, por ejemplo, encontramos estados bien interesantes como plasma, condensado Bose-Einstein, supersólido, superfluido, entre otros. Esta área fue potenciada por el físico francés Pierre-Gilles de Gennes, considerado el padre fundador de la materia blanda, ya que gracias a sus estudios se logró explicar las diferentes fases y transformaciones que muchos elementos pueden tener. Su aporte fue reconocido con el premio Nobel. Gennes no aplicó sus estudios en la cocina, pero gracias a sus teorías, la comida tiene una manera de ser clasificada: materia blanda.

Un pastel posee muchas capas y rellenos, por eso clasificarlo como sólido o líquido no aplica para la teoría física clásica. La cocina tiene sus propias reglas y sus preparaciones las clasifica según la materia blanda. Así hablamos de estructuras sólidas que poseen texturas cremosas, esponjosas, crujientes, etc.

Podemos decir que las sopas son estructuras líquidas, ya que adoptan la forma del recipiente donde son vertidas.

Los ingredientes, en promedio, están formados en un 70 % por agua, y para mantener esa agua, necesitamos de elementos que den estructura como proteínas, fibras y grasas.

» Materia blanda

Se define como los elementos que, por transformaciones mecánicas o térmicas, alteran sus estructuras. Puede escucharse complicado, pero en la cocina se entiende mejor. Pensemos en un pan recién horneado, es firme y crujiente ya que su corteza está deshidratada, su interior es esponjoso debido a sus alveolos, que son burbujas llenas de aire (estado gaseoso), pero además tiene suavidad, presenta una masa húmeda producto de los almidones que atrapan y retienen el agua. En un pan recién horneado, encontramos los tres estados de la materia.Un pastel de bizcocho, en tanto, parte de una masa esponjosa que puede ser embebida con almíbar, rellena de mermelada, crema batida o almidonada. Puede también tener elementos crujientes como caramelo o frutos secos. En un solo bocado podemos sentir la mezcla de estados de la materia.

» ¡Ah! Ahora va tomando sentido...

En rigor no podemos decir que los ingredientes son exclusivamente sólidos, líquidos o gaseosos, ya que cada producto tiene estructuras únicas y cada receta será una mezcla de todos. Esto es lo que hace tan atractivo al mundo culinario, pues trabajamos con materia blanda y comemos materia blanda.

» Mencionaste que los productos pueden cambiar, depende de cómo se preparen...

Los procesos que podemos aplicar a cada ingrediente son amplios, ya que en la cocina llegan los ingredientes de una manera y terminan siendo procesados, dando un resultado totalmente diferente. Una zanahoria cambia radicalmente dependiendo de si se corta, se ralla, se muele o se cocina en agua. Para eso existen las técnicas culinarias, y cada una o la mezcla de varias nos permiten conseguir una buena receta.

Estas son algunas maneras de modificar los ingredientes:

- **Técnicas de procesamiento: pelar, cortar, moler, licuar, filtrar**
- **Métodos de cocción: hervir, saltear, asar, freír, estofar**
- **Métodos de conservación: deshidratar, curar, refrigerar, congelar**
- **Texturizaciones: espesar, gelificar, airear, emulsionar**
- **Técnicas culinarias de valor agregado: marinar, fermentar, ahumar, impregnar**

Podemos decir que los cocineros son transformadores de la materia blanda.

» ¿Y un ingrediente puede tener varios estados?

Sí, sobre todo cuando aplicamos las técnicas antes mencionadas, las que generan cambios en la estructura de los ingredientes. Científicamente se le conoce como transiciones de fase, es decir, dependiendo del proceso aplicado, será su resultado. El chocolate es un buen ejemplo. En tabletas o pastillas es sólido, pero si aplicamos calor se derrite pasando a un estado líquido, en circunstancias en que el chocolate no tiene agua. Son sus grasas las que a mayores temperaturas sufren estos cambios. Lo curioso es que saben completamente diferente, puesto que en ese estado de mayor fluidez, sentimos el sabor del cacao de manera más intensa y persistente, y cuando se enfría, tenemos su firmeza y crocancia. Ahora, podemos también añadir gas a presión o con movimientos mecánicos dentro del chocolate fluido, y tendremos un producto aireado de distinta textura y sabor. Ese dinamismo es el que aporta la cocina con sus técnicas culinarias, generando atractivos y novedosos resultados, platos que pueden ser explicados en diferentes procesos y transiciones de fase.

» Si esto se llama materia blanda, ¿existe la materia dura?

Es una excelente pregunta, y la respuesta es afirmativa. Existe, pero la física la clasifica de otra manera. Se trata de moléculas fuertemente unidas que crean estructuras excesivamente firmes, refiriéndose a elementos sólidos como metales o piedras. Si pensamos en que nuestro cuerpo está diseñado para consumir alimentos que podemos masticar y tragar, ni los dientes ni el estómago están capacitados para digerir una piedra de cuarzo o una barra de hierro. Por consiguiente, no somos consumidores de materia dura. Es bueno analizar que hay alimentos que son duros, como cereales en su versión cruda, arroz, trigo, o legumbres secas como garbanzos y frijoles, pero hemos adquirido el conocimiento para hacerlos más blandos y digeribles aplicándoles tratamientos térmicos (cocción), mecánicos (moliendas) o biológicos (fermentación).

» Sin embargo, un caramelo puede ser bien duro...

Lo es, pero tenemos muchas formas de consumirlo. Al lamerlo con la lengua, lo derretimos gracias a la propiedad higroscópica del azúcar, luego nuestros dientes pueden triturar los trozos crujientes. Esta circunstancia que pasa con algunos alimentos firmes no modifica su clasificación, siendo igualmente materia blanda.

» ¿Hay características propias de la materia blanda culinaria?

Además de ser deliciosas, tienen mucha fragilidad. Veamos algunas propiedades a considerar:

1. Vida limitada: los alimentos o platos preparados no duran mucho tiempo o tienen una vida corta, ya que pueden arruinarse por fenómenos fisicoquímicos no deseados como oxidación o deshidratación, y también por la acción de microorganismos que pueden descomponer cualquier preparación.

2. Reversibilidad: el agua se puede congelar y luego descongelar. En los alimentos podemos tener fases que sean reversibles, ejemplo son las gelatinas realizadas con grenetina, al aplicar frío cuajan, luego se pueden fundir al calor y volver a enfriar para cuajar, o sea, es reversible. Pero la gran mayoría de alimentos son irreversibles, significa que no pueden volver a su fase inicial. La carne cocinada no puede volver a ser cruda.

3. Estabilidad: la fase final de un alimento cocinado no es eterna. Durante la refrigeración de una crema dulce espesada con almidón, se puede separar su fase acuosa de la sólida (sinéresis). Tampoco el merengue es estable. Después de batido puede empezar a separarse y drenar agua. Aunque existen maneras de estabilizar las preparaciones para que duren más, suelen ser limitadas en su durabilidad.

» ¿Hay alguna manera de clasificar las preparaciones culinarias?

Con lo que hemos aprendido, sabemos que no les podemos asignar un estado único, aunque la cocina tiene sus consideraciones. Un alimento puede estar compuesto por mezclas de sólidos, líquidos y gases, y se puede clasificar como estructuras para una mejor comprensión, siempre y cuando la observación indique la presencia visible de un estado de la materia sobre otro.

Veamos lo siguiente:

- **Estructuras sólidas:** tienen forma propia y volumen constante. Carnes y vegetales en general, chocolates, harinas, frutos secos.

- **Estructuras líquidas:** se adaptan a la forma del recipiente y tienen volumen constante. Jugos, sopas, caldos, aceites.

- **Estructuras gaseosas:** no poseen forma ni volumen propio. Humos, vapores aromáticos.

Y como toda regla tiene su excepción, encontramos también este tipo de preparaciones:

- **Estructuras semisólidas:** límite o equilibrio entre las estructuras sólidas, líquidas y gaseosas. Tienen forma adaptable y volumen constante, suelen ser alimentos blandos o tiernos como gelatinas, helados, purés o licuados. Cuando unimos dos o más ingredientes, logrando una fase diferente, podemos hacer una clasificación específica para las preparaciones.

- **Emulsiones:** un fluido más un fluido para formar una estructura sólida o semisólida. Común es la unión de agua y aceite para formar salsas como la mayonesa.

- **Espumas:** un fluido más aire para formar una estructura sólida o semisólida como bizcochos,merengues, crema chantilly y leche espumada.

- **Geles, coloides:** un fluido dentro de un sólido para formar una estructura sólida o semisólida, como gelatinas o salsa bechamel.

Existen preparaciones que serán emulsiones, espumas o geles, pero también pueden mezclarse para formar fases múltiples:

- **Emulsión + gel, coloide:** una salchicha con cocción. Se parte de una emulsión entre la parte acuosa de la carne y la grasa, luego al calor coagula y forma el gel.

- **Emulsión + espuma:** la crema es una emulsión de agua y grasa, luego al batir agregamos aire y tenemos la espuma.

- **Espuma + gel, coloide:** un *mousse* de frutas al que incorporamos aire con movimiento mecánico y luego gelificamos con gelatina para formar el postre.

¡Hay cientos de ejemplos! Cabe destacar que el área de gastronomía científica empieza a abrir el debate para poder incluir más clasificaciones de fases, a fin de entenderlas mejor. Por ejemplo, podemos hablar de suspensiones, aerosoles, espumas sólidas, aerogel e hidrogel. Tenemos una alta potencialidad de estudio dentro de los espacios culinarios.

» Definitivamente, la cocina necesita sus propias reglas...

La física ha ayudado mucho a la cocina para entender sus recetas, pero ambas disciplinas tienen sus reglas y vocabularios. En temas gastronómicos, nos hemos abierto a comprender mejor lo que ocurre en los fuegos y a ordenar de manera más objetiva las preparaciones. Ya entendimos las numerosas fases que pueden tener los alimentos y las variadas transformaciones que podemos lograr, mejorando nuestra capacidad de descripción y comprensión a la hora de comer.

1.6

Cómo comprender fácilmente la conservación de los alimentos con un panal de abejas

A la hora de cocinar, nos preocupa el buen sabor de nuestro plato tanto como que sea seguro de consumir, que no nos haga daño. Hay veces en que la apariencia de los alimentos no es agradable, porque tiene hongos o expele mal olor. La comida fermenta, se descompone, se echa a perder. Antes de aprender cómo conservar de mejor manera la comida, vamos a explicar por qué es tan frágil y dura poco tiempo.

» Pero prefiero saber cómo conservar durante más tiempo mi comida...

¡Y quién no! No están los tiempos para desperdiciar los alimentos. Pero si algo me conoces, sabrás que primero quiero que entendamos el origen de la descomposición, para así mejorar la conservación.

» ¿Por qué la comida se echa a perder?

Los alimentos son productos muy frágiles. Un alimento en mal estado no es apto para consumo. Lo curioso es que la comida puede arruinarse en un instante o después de varios días.

» Al instante, ¿cómo puede ser?

Se llama contaminación alimentaria.

1. **Contaminación física**: cuando un objeto ajeno y visible cae y daña el alimento o preparación, como trozos de vidrio, tierra, suciedad, insectos.

2. **Contaminación química**: cuando una sustancia no alimentaria cae y daña el alimento o preparación, como cloro, detergentes, pintura, jabón.

En cuanto a la contaminación física, a veces podemos retirar los objetos visibles y ser rigurosos salvando el alimento con una buena limpieza. Pero a veces es mejor descartar (como cuando caen trozos de vidrio). En la contaminación química, en tanto, es recomendable descartar inmediatamente, ya que además de dar un sabor desagradable, los alimentos absorben estas sustancias dañinas. No es lo mismo lavar un vegetal con una solución con cloro, en la que aplicamos una dosis baja, que contaminar con cloro un alimento.

» Entonces, la otra contaminación sería...

Ya vamos. Las anteriores tipologías son visibles y evitables si somos cuidadosos. Pero la biológica es invisible a nuestros ojos.

> **3. Contaminación biológica**: son los microorganismos no deseados que ocasionan reacciones, las cuales arruinan y dejan en estado tóxico nuestros alimentos. También se conocen como microbios.

Nos referimos a las bacterias, virus, hongos y levaduras que habitan a nuestro alrededor (coloquialmente llamadas bichos). Estos organismos unicelulares tienen necesidades al igual que nosotros, deben vivir, comer y procrear. La desinfección o conservación de nuestros alimentos apuntan a evitar que estos microorganismos puedan vivir o multiplicarse.

» ¿Qué necesitan para vivir?

Condiciones similares a las que necesitan los seres humanos:

• **Agua**: los microorganismos la emplean como hábitat y transporte, ya que a través de este líquido se mueven. La humedad es un espacio agradable para que puedan reproducirse. A este espacio se le conoce como agua libre.

• **Alimento**: deben comer y son selectivos a la hora de hacerlo. Adoran los azúcares como glucosa y fructosa, proteínas y carbohidratos, así como lo orgánico.

• **Tiempo**: es el tiempo que necesitan para reproducirse. De un microorganismo salen dos, de dos salen cuatro, de cuatro salen ocho y así sucesivamente. Mientras tengan agua y alimento se reproducirán y además lo harán rápidamente. Si los seres humanos tardan nueve meses, los microorganismos en promedio necesitan solo treinta minutos.

• **Oxígeno**: la gran mayoría de microorganismos debe respirar, los que se denominan aeróbicos. No obstante, también existen grupos que pueden sobrevivir en un entorno sin oxígeno, los que se llaman anaeróbicos. (En entornos herméticos, sin aire, se reduce radicalmente la presencia y actividad de microbios).

» Hay otros factores que controlan su crecimiento:

• **Temperatura**: en general, los microorganismos prefieren la temperatura ambiente (sobre 20 °C). Mientras más frío (bajo 5 °C) el microorganismo se multiplica mucho más lento o es inhibido. En temperaturas de congelación (-18 °C) pueden morir o duermen, una vez descongelado despiertan y hacen de las suyas. Si aplicamos calor (sobre 65 °C en promedio) podemos eliminar gran cantidad de bacterias. Es bueno saber que el calor mata muchos microorganismos, pero no a sus esporas, y estas pueden ser letales en la generación de toxinas.

• **pH**: determina cuán ácido o alcalino es un alimento y es un factor que se mide con la escala de pH que va entre 0 a 14. Los entornos muy ácidos, entre 2 a 3, suelen no gustar a las bacterias y les da un ambiente no apropiado para su crecimiento. Tampoco sobreviven en entornos muy alcalinos, sobre 10. Aun así, hay hongos que prefieren los entornos más

Un panal es una admirable construcción, y gracias a sus formas y cómo estas son ocupadas, podemos aplicar esta teoría para entender cómo funciona la conservación de alimentos.

ácidos. Los microorganismos se desarrollan mejor en ambientes ligeramente ácidos (4 a 6).

» ¿Y por qué nos hacen daño?

En palabras simples, si consumimos un exceso de microorganismos, nos enferman o nos causan malestares y problemas digestivos. No es posible determinar cuál es la dosis que causa daño, pues dependerá mucho de la persona y de los tipos de microbios. Muchos de estos microorganismos se encuentran bajo normativa y están regulados por los reglamentos de higiene y seguridad alimentaria de cada país.

Ahora bien, su rápida reproducción es una amenaza, pues también pueden reproducirse dentro del cuerpo. Algunos secretan toxinas.

» ¿Por qué les encanta nuestra comida?

Los hongos, levaduras y bacterias (los virus prefieren otros seres vivos) disfrutan de casi las mismas cosas que nosotros:

- Alimentos que contengan más de un 70 % de agua, muy húmedos.
- Ricos en azúcares, proteínas. y carbohidratos.
- Alimentos con pH ligeramente ácido, entre 3 a 6.

» ¿Cómo podemos evitarlos?

Controlando, inhibiendo su crecimiento o eliminándolos. Como no los podemos ver, debemos usar la prevención, poniendo énfasis en los cuidados higiénicos previos a la preparación de alimentos y pensando en cómo podemos cerrar la puerta a los microorganismos.

» ¿Y qué tienen que ver las abejas en todo esto? Lo pregunto por el título del capítulo...

Los alimentos están formados por agua y nutrientes que se encuentran encerrados entre membranas celulares que los protegen. También tienen aire, en un espacio de estructura en el que no hay agua ni nutrientes. En todos estos espacios pueden entrar los microorganismos e iniciar la contaminación. Esta compleja y microscópica estructura que compone a los alimentos se asemeja a un panal de abejas.

» Teoría del panal de abejas

Un panal es una estructura de diseño hexagonal formada por cera. Cada espacio es ocupado por abejas, larvas, miel, polen o sellados con cera, y siempre tiene huecos vacíos. Si aplicamos ese concepto a cualquier alimento, encontraremos similitudes, ya que en las membranas celulares de los alimentos se encuentran nutrientes, agua y otros elementos orgánicos, pero también espacios vacíos con aire. En estos últimos, no hay nada atractivo para el microbio, por eso buscan espacios con agua o material orgánico para habitar y contaminar. Por tanto, si tapamos u ocupamos dichos espacios con algún elemento, evitaríamos que los microorganismos entrasen, protegiendo nuestro alimento.

» ¿Cuál es el origen de esta teoría?

Las matemáticas y el marketing usan esta teoría para explicar estrategias y operaciones con números. Llevo años pensando en ella y llevándola al campo alimentario, por lo que he diseñado esta teoría del panal de abejas para explicar de manera didáctica e interactiva, durante los cursos o seminarios que dicto, lo que ocurre en los alimentos y cómo pueden dañarse. Es una forma gráfica y sencilla de aprender y entender.

» ¿Y cómo se aplica a los alimentos?

Los ingredientes y platos preparados contienen espacios rellenos de agua y elementos orgánicos, ambos pueden ser ocupados. Los espacios con agua, denominados agua libre, son como una vía de transporte para que los microbios lleguen a otras zonas húmedas del alimento, iniciando la contaminación. Si retiramos esa agua, mantenemos ocupado ese líquido o tapamos esos espacios con otros elementos, no les daremos lugar a los microorganismos para que se desarrollen. De esta forma nuestro ingrediente o preparación simula el panal de abejas, con compartimentos ocupados. Si los microorganismos logran entrar, ocupan el espacio, consumen los elementos orgánicos y lo transforman en otro, van debilitando las membranas celulares (rompen los hexágonos del panal) y destruyen la estructura, así pueden ocupar más espacios y seguir multiplicándose hasta infectar el alimento (ver ilustración para más información).

» Pero ¿cómo vamos llenando los espacios del panal?

No olvidemos que, llegados a este punto, estamos hablando de preparaciones y recetas.

Aquí algunas alternativas:

- **Deshidratar o evaporar el agua libre:** mientras más seco o menos agua tenga un ali-

Panal de abejas: esta ilustración nos ayudará a comprender la teoría del panal de abejas. Los espacios vacíos son potenciales lugares donde cualquier sustancia o microorganismo puede ingresar y generar reacciones. Los sectores con agua son agua disponible o libre que determinan la humedad o textura del alimento. Los sectores con un cubo son sal disuelta que, además de sazonar, protege la zona evitando que otros microorganismos entren. Los sectores que estén llenos con el hexágono son zonas deshidratadas donde no hay agua libre, gracias a que la celda está sellada y no deja pasar microorganismos. Por último, las celdas con microorganismos representan el inicio de la descomposición del alimento, puede ser nociva o no. La sumatoria de todas estas celdas nos da una idea de la seguridad del alimento y nos permite graficar las diferentes funciones de estos componentes.

mento, más resistente será para los microorganismos. Los métodos de cocción como asados, horneados, frituras o deshidrataciones lentas son efectivos porque retiran el exceso de agua del alimento. En bromatología, se dice que el mejor desinfectante es la sequedad.

• **Raptar u ocupar el agua libre:** significa que debemos usar elementos que se disuelvan en esa agua, con el fin de quitar espacio a los microorganismos. Aquí entran a jugar la sal y el azúcar, que al ser higroscópicos penetrarán hasta el interior del alimento, a fin de quedarse ahí. Esta es la razón del porqué los productos con alto contenido de sal y azúcar se conservan mucho tiempo.

• **Acidificar los espacios:** si logramos bajar el pH, es decir, subir la acidez, crearemos un entorno más difícil para el crecimiento de microorganismos, especialmente para las bacterias. Por eso los pepinilloss o encurtidos en vinagre duran mucho tiempo. Añadir jugos ácidos a preparaciones también puede beneficiar.

• **Ocupar los espacios con otros elementos:** hay muchos ingredientes que tienen funciones bactericidas o que dificultan el trabajo a los microorganismos:

> **Humo:** las moléculas del humo quedan en los espacios vacíos e impiden crecimiento, por eso el ahumado es un buen método de conservación, además de que aporta un sabor particular.

> **Aditivos conservantes:** aditivos como el benzoato de sodio o el ácido cítrico cumplen funciones conservantes.
> Si bien no son tóxicos, su uso debe ser medido para evitar sabores no deseados.

> **Especias:** el uso de especias o hierbas puede beneficiar, sobre todo en platos muy especiados como la comida india. Hay estudios que confirman mayor vida útil en platos de este estilo.

> **Aceites y grasas:** cocinar con aceites es una buena opción, además de conseguir buen sabor, los microorganismos huyen de los entornos oleosos. Por eso la conservación de alimentos sumergidos en grasas aumenta su vida útil.

Es importante que ahora apliques estos tips con criterio, pues todo dependerá del tipo de alimento, área de preparación y cuán higiénica sea la manipulación. Alargar no significa eternizar.

» Entonces, ¿qué alimentos son los que duran más tiempo?

Aquellos que tengan bien ocupados o secos los espacios del panal de abejas. Los alimentos saturados en azúcar como mermeladas, conservas en almíbar y pasteles, o alimentos salados como quesos madurados, fiambres y embutidos secos. Todos ellos, además, están compuestos de poca agua libre, así que incluso pueden conservarse a temperatura ambiente. Otros alimentos que aguantan bien el paso del tiempo son los congelados, pues a bajas temperaturas se endurece el agua a tal nivel que impide el movimiento de microbios. Piensa en tu alacena, en el arroz, las legumbres, la harina, las galletas y frutos secos, como casi no contienen agua, duran mucho. Como dato extra, la miel de abeja está considerada como uno de los pocos ingredientes de duración indefinida o casi eterna, por su mínimo contenido de agua y su alto componente de azúcares. Ahí tenemos un panal de abejas bien completo y protegido.

» ¿Y los microorganismos habitan en todo el alimento?

Es una buena pregunta. En general, la mayor concentración de microbios se encuentra en la superficie del alimento y no al interior, todo depende de su porosidad y resistencia. En las carnes rojas, sus redes proteicas son bien fuertes e impiden que los microorganismos penetren al interior. En las frutas pasa lo mismo, sus pieles (cáscaras) las protegen. Los vegetales de hoja, por el contrario, tienen una mayor superficie de contacto, así que están más expuestas. Pensemos en los alimentos como figuras geométricas o figuras 3D, su primera capa sólida los protege. Se estima que entre un 90-95 % de los microorganismos se encuentra en la superficie, por lo que al cortarlos o procesarlos, podemos arrastrarlos hacia el interior o esparcirlos por el ambiente. Por ello, la clave es cuidar la manipulación y mantener la cadena de frío.

» ¿Hay algún alimento que se salve?

Están prácticamente en todos lados, pero hay ciertas reacciones químicas que causan deterioro de alimentos y que no son responsabilidad de los microorganismos. El pardeamiento enzimático, más conocido en cocina como oxidación, es uno de ellos. Cuando los alimentos, especialmente frutas y verduras, empiezan a oscurecerse, esto no significa que estén en mal estado, pero en muchos casos se descarta el alimento. Otro caso es el enranciamiento, que ocurre específicamente en las grasas. Ya sabemos que las bacterias huyen de los aceites, pero un exceso de oxígeno hace que las grasas se descompongan, lo que genera sabores y aromas desagradables. Siempre se sugiere guardar herméticamente y alejados de la luz los elementos ricos en grasas como mantequillas, aceites, frutos secos y chocolates.

» Después de entender la conservación, ¿qué consejos nos das para conservar?

Lo primero es visualizar los alimentos como un panal de abejas, con el fin de aplicar lo explicado en estas páginas. Luego, comparto estos consejos:

- **Enfriar rápidamente las preparaciones:** si tenemos un guiso o estofado, podemos colocarlo en una fuente extendida, a fin de que tenga más superficie de contacto y de este modo se enfríe más rápido. También, sumergir el recipiente en agua helada ayudaría. Recuerda que tener el alimento durante mucho tiempo a temperatura ambiente favorece la reproducción de microbios. Mientras más rápido enfriemos para luego refrigerar, mejor.

- **Mientras más líquido, más propenso a dañarse:** por eso las sopas y guisos fermentan más rápido.

- **Guardar herméticamente los alimentos:** así creamos una barrera protectora del oxígeno. Usa recipientes de tapa hermética o idealmente sella en bolsas al vacío.

- **Utilizar a conciencia sal y especias:** con el fin de ocupar los espacios del panal de abejas, pero sin exagerar ni destruir la receta.

- **Evitar dejar mucho "espacio":** aplica en la fase de refrigeración. Cuando guardamos en frascos o envases y queda espacio libre, se convierte en una zona de potencial crecimiento de microorganismos aeróbicos y anaeróbicos. Ellos flotan y caerán al alimento, dañándolo. Así es como los hongos dejan el moho. Por eso es ideal llenar a tope o hasta el borde.

- **Mantener una excelente higiene:** nunca está de más recordar que debemos ser limpios e higiénicos en la cocina. Mantener una adecuada cadena de frío y practicar el correcto lavado de manos y utensilios evitará la contaminación cruzada.

CAPÍTULO

Nº 2

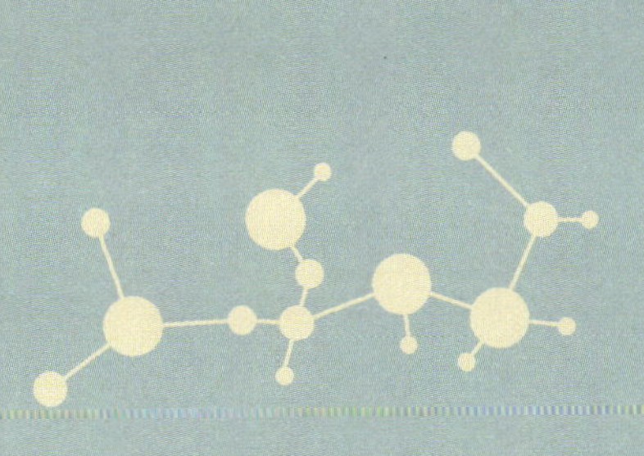

10 ELEMENTOS BÁSICOS DEL CONOCIMIENTO

2.1

Diez elementos básicos del conocimiento científico culinario

Debemos hacerle honor al concepto que inspira el libro: la cocina, ese espacio en el que se preparan alimentos, que puede ser un sitio sencillo o profesional. Pero ¿cómo se define realmente la palabra cocina?

Estoy pensando en muchas definiciones...

» ¿Y cómo aprendiste tú?

Lo he conseguido a través de muchos años de estudios, libros, experimentos y agradables conversaciones. Ejercer la pedagogía me ha enseñado a entender que todos aprendemos de manera diferente. En el caso de los cocineros, les gusta lo más tangible y práctico, por ende si buscamos que el profesional o aficionado culinario entienda mejor lo que pasa en sus sartenes, debemos mostrárselo con ejemplos gastronómicos.

» ¡Bien! ¿Cómo empezaremos a aprender?

¿Qué es lo básico que todos los que cocinan deberían saber para comprender mejor la ciencia en la cocina? Ese es el punto de partida, y desde él, podremos hablar de múltiples conceptos fisicoquímicos que cambian alimentos, haciéndolos sabrosos y mejores. Por consiguiente, y para una eficiencia del aprendizaje, empezaremos con esta lista de 10 elementos básicos.

» Una pregunta antes... ¿cómo se generó esta lista?

Ha sido producto de muchas conversaciones con gente del rubro y especialistas del área científica. Considerando varios seminarios y talleres que he presenciado. Con todo, esta lista se sigue actualizando día a día, y está inspirada en la pasión, los conceptos y aportes de Hervé This (fisicoquímico francés que trabaja en el *Institut national de la recherche agronomique* y que es director científico de la *Fondation Science & Culture Alimentaire*).

» ¡Veamos!

Antes, debo aclarar que puede que los siguientes elementos les parezcan muy básicos o extremadamente obvios. Sin embargo, como siempre digo: debemos aprender y entender los básicos, para luego innovar en la cocina, ya que muchas veces son esos pequeños detalles, simples, los que explican por qué suceden las cosas.

"En general, los alimentos contienen en promedio un 70 % de su peso en agua".

1.

» Generalmente, los alimentos contienen agua en mayor cantidad

El agua es el ingrediente más utilizado en la cocina mundial. Este fundamental elemento forma parte de la propia estructura del alimento puesto que la jugosidad de los vegetales y las carnes depende de la cantidad de agua que poseen. En general, los alimentos contienen en promedio un 70 % de su peso en agua. Aquí depende de la variedad de producto (más firme, más crujiente, más húmedo). El agua también funciona como ingrediente por añadir en muchas recetas, destacando que al hablar de agua, nos referimos a líquidos como pueden ser jugos, vinos, caldos, entre otros. La cantidad de agua en una preparación, determinará la textura, tiempos de cocción conservación y muchos otros aspectos culinarios que iremos aprendiendo a lo largo de este libro.

2.

» La sal y el azúcar se disuelven en agua

Continuamos con dos ingredientes de uso masivo y presentes en casi todas las recetas. Ambos determinan el sabor y las características del producto final. El experimento es bien simple: basta con tomar un poco y añadirlo en agua. Podemos ver cómo los cristales se deshacen lentamente sin movimiento alguno. Al agitar un poco, desaparecen, quedan disueltos. Esto ocurre porque sal y azúcar son hidrofílicos e higroscópicos; para la química se denominan solutos. Al mezclarlos con agua, que es un solvente, formamos una solución. En palabras culinarias sencillas hemos realizado un líquido dulce o salado. Esto explica lo fácil que es sazonar sopas, estofados o salsas, pero también nos explica cómo funciona la sazón. Veamos un ejemplo. Al espolvorear sal en un tomate, esta se disolverá en el agua propia del tomate y lo dejará de mejor sabor, y así con todos los alimentos ricos en agua (líquidos, jugosos) como frutas y carnes. Por eso, nuestras recetas saben tan bien. Otro efecto de la relación sal o azúcar y agua se llama ósmosis. Este proceso extrae el líquido de los alimentos a través de sus membranas celulares permeables. Basta con cubrir con sal o azúcar cualquier producto y dejarlo en reposo. Entonces, además de sazonar, modifican la textura de productos, otorgando consistencia y sabor intenso.

3.

» La sal y el azúcar no se disuelven en aceite

Contrario al punto anterior, tenemos la presencia de otro ingrediente. Ahora es una grasa y a pesar de ser líquida, su estructura molecular es completamente diferente. Por eso, no disolverá ni sal ni azúcar, ya que estos ingredientes son lipofóbicos, es decir, necesitan agua para disolverse. Experimenta vertiendo algunos cristales de azúcar en aceite. Por mucho movimiento que hagas, aun usando licuadora, no se disolverán. Lo único que podría ocurrir es que el cristal disminuya de tamaño por la fuerza del movimiento que lo romperá, aun así, no habrá disolución. Esto explica en pastelería por qué al cremar o pomar mantequilla (que suele tener un 80 % de grasa) con azúcar granulada, quedan cristales. Una técnica que permite hacer galletas o bizcochos más dorados y crujientes. También explicaría por qué cuesta sazonar una carne de vacuno previamente untada con aceite, ya que se dificulta la disolución de la sal en el agua de la carne. En positivo, diremos que nos permite masticar el cristal de sal, otorgando ese pequeño crujiente que es un deleite para los asadores. Otro caso interesante es el del chocolate, un producto que contiene principalmente manteca de cacao, pero que al masticarlo notamos sabores dulces, sin sentir los cristales de azúcar (si el chocolate es de buena calidad, claro). Esto se debe al conchado, que es un proceso del chocolate que consiste en mezclar continuamente los ingredientes con ruedas abrasivas (piedra o similares) por 24 horas. Dicho proceso reduce a micrones la estructura de ingredientes (micropulveriza) para que no se sientan en el paladar. No disuelve el azúcar, sino que la dispersa entre la red de sólidos y la manteca de cacao.

"Por eso, no disolverá ni sal ni azúcar, ya que estos ingredientes son *lipofóbicos*, es decir, necesitan agua para disolverse. Experimenta vertiendo algunos cristales de azúcar en aceite. Por mucho movimiento que hagas, aun usando licuadora, no se disolverán".

4.

»El aceite no se disuelve en agua, y viceversa

Si en un vaso vertemos agua y luego aceite, se mantienen separados. Si lo agitamos fuertemente vemos cómo se intentan mezclar y se forman glóbulos, pero al cabo de pocos segundos, vuelven a separarse quedando el aceite en la parte superior. Esto se explica por la densidad: el aceite, al ser menos denso, flota en el agua; en conclusión, el agua es lipofóbica y el aceite hidrofóbico. Ahora podemos comprender la separación que se produce en variadas recetas de pastelería, en las que aceites y mantequillas flotan, por mucho que intentemos mezclarlas con algún líquido como la leche o huevos. Luego, al añadir harina, sí se forma una masa homogénea. Esto se debe a la propiedad aglomerante, no obstante, los ingredientes están dispersos, no disueltos. Otro ejemplo en el que pueden observar el fenómeno sucede al hervir carnes en agua. Se disuelven las proteínas y componentes aromáticos y la grasa flota, por eso es tan fácil desgrasar. Ahora bien, sí hay formas de unir agua y aceite de una manera más estable. Una opción es usar tecnología de homogeneizador ultrasonido, algo un tanto sofisticado. La manera más utilizada y conocida es realizar emulsiones, es decir, unir agua y aceite con la ayuda de un elemento emulsionante. El mejor ejemplo de esto es la mahonesa (mayonesa). Aquí, una vez más, los elementos están dispersos y estables, pero no están disueltos.

"Los almidones de los cereales se hidratan, absorben, luego *gelatinizan* y de esa manera conseguimos una mordida suave y tersa".

5.

» El agua hierve a 100 °C

Este punto aplica siempre que estemos a nivel del mar, pues en zonas o ciudades de mayor altura, el agua hierve a temperaturas inferiores. Hablaremos, entonces, del punto de ebullición, cuando técnicamente la presión atmosférica (del ambiente) iguala a la presión del vapor (del agua), por eso a 100 °C veremos múltiples burbujas de manera agresiva. En la cocina, esta temperatura determina cómo y cuánto tiempo vamos a cocinar, puesto que a mayor temperatura, teóricamente se producen cocciones más rápidas, además de que aceleramos la evaporación del agua. Ejemplo: la ebullición es empleada para la cocción de vegetales y pastas, ya que necesitan ser cocinados lo más rápido posible. A temperaturas inferiores, realizamos cocciones más lentas, pero más delicadas, utilizadas usualmente para huevos sin cáscara o pescados, puesto que las burbujas de ebullición dañarían las débiles estructuras, desarmando los productos. Este punto aplica también para el agua contenida de los alimentos, dado que si horneásemos a temperaturas altas, herviríamos los alimentos, debilitando o rompiendo las membranas celulares. ¿Qué sucede entonces? Los alimentos quedarán más suaves, aunque podrían secarse por evaporación, estropeando el resultado. Sobre todo si buscamos concentrar sabores y lograr texturas crujientes.

6.

» Los alimentos sin agua son duros o más resistentes

Seguimos hablando de este vital líquido, pero ahora nos concentraremos en productos que no tienen agua o que tienen muy poca. Los alimentos están formados por estructuras moleculares contenidas en paredes o membranas celulares, y si no tenemos agua dentro o fuera de estas estructuras, sabremos de inmediato que serán secos, duros y firmes. Es el caso de los cereales como el arroz, trigo o cebada que, al intentar comerlos, son muy duros e incómodos de masticar, por ende, requieren ser cocinados. Para ello usaremos agua, porque como ya aprendimos, modificará su textura. Los almidones de los cereales se hidratan, absorben, luego gelatinizan y de esa manera conseguimos una mordida suave y tersa. También ocurre con aquellos alimentos que deshidratamos casi por completo, como las frutas, la carne seca o las papas *chips*. Esa pérdida de agua permite conseguir texturas firmes y crujientes. Otro de los beneficios de secar alimentos radica en la conservación de los mismos, alargando su vida útil, ya que al tener un bajo o nulo contenido de humedad, evitaremos el crecimiento de microorganismos.

7.

» Hay ingredientes que atrapan y retienen el agua

Existen alimentos que contienen agua y otros que no. Ambos tienen la facultad de absorber todavía más agua, con la intención de lograr otro tipo de preparaciones. Aunque técnicamente todos los alimentos pueden ganar más volumen de líquido, existen ingredientes con propiedades especiales, idóneos para atrapar y retener agua. Estos se denominan hidrocoloides. Pensemos en la gelatina. Al hidratarla, absorbe agua y luego del calor se funde. Al enfriar cuaja y forma una estructura firme y temblorosa a la vez. Son las proteínas de la gelatina las que atrapan el agua y es retenida por los enlaces que las mismas proteínas generan, formando una red tipo 3D muy resistente. Si apretamos dicho gel, dañaremos su estructura, pero el agua no será liberada. Otros hidrocoloides son los almidones como la harina de trigo o maíz, y funcionan prácticamente de manera similar: hidratan, absorben y gelatinizan, por eso pueden formar masas y espesar salsas. En el universo alimentario existen centenares de ingredientes con estas características que permiten crear elaboraciones firmes pero húmedas, suaves y consistentes. Esta reacción no debe confundirse con una simple absorción. Me refiero a que, por ejemplo, un pan remojado en un poco de caldo, al apretarlo, libera el caldo, que es muy diferente a una salsa espesada con harina de arroz, que al aplastarla con el dorso de una cuchara, únicamente cambiará de forma, sin embargo, no liberará el agua.

8.

» Algunas proteínas coagulan

Hablemos de proteínas, esas cadenas de aminoácidos presentes en muchos alimentos. Pensemos, a modo de ejemplo, que la forma de dichas cadenas es como una cuerda estirada. Al aplicar calor, las cuerdas cambian su forma y se enroscan, y tienen la potencialidad de unirse unas con otras, formando estructuras más firmes y resistentes, cambiando la consistencia del alimento. Esto se denomina coagulación, y es una característica propia de las proteínas animales. Por eso el huevo, al ser cocinado, cambia de transparente a blanco, y su textura se vuelve más firme, puesto que las cuerdas se unirán unas a otras formando esta red. Con esta información, podemos ahora modificar la velocidad o el resultado final de coagulación del huevo, usando diversas temperaturas y tiempos para lograr más terneza o firmeza. Por otro lado, ocurre lo mismo con la gelatina o grenetina, solo que no es con el calor, sino que por efecto del enfriamiento. El calor permite que las proteínas se dispersen mejor, mientras que el frío hace que estas cuerdas se busquen y unan para formar un gel. Cabe destacar que no es solamente aplicando calor que logramos coagular. Algunos ingredientes ácidos pueden conseguirlo, como cuando añades jugo de limón a la leche. En ese ejemplo veremos cómo se forman agregados de proteínas que se separan del suero líquido, y si unimos todos estos agregados, formaremos un queso.

"Aunque técnicamente todos los alimentos pueden ganar más volumen de líquido, existen ingredientes con propiedades especiales, idóneos para atrapar y retener agua. Estos se denominan *hidrocoloides*".

9.

» Los platos y recetas son sistemas dispersos

Para la química, un sistema disperso es la unión de dos o más sustancias simples o complejas donde habrá una fase continua y otra dispersa. Pero para la cocina, la definiremos como la unión de varios ingredientes que formarán un conjunto de elementos mezclados, unidos y/o revueltos, considerando que tenemos materia que puede ser líquida, sólida y gaseosa. Tenemos, entonces, innumerables posibilidades si pensamos en todas las potenciales combinaciones de ingredientes y condimentos. Eso, sumado a que podemos obtener resultados totalmente diversos en función de los métodos de cocción que usemos, como hervir, freír, asar o saltear. No olvidemos que una receta puede ser muy simple: pocos ingredientes, como en la elaboración de un pan; o muy compleja, con muchos ingredientes y diferentes técnicas y cocciones, como en un pescado a la plancha con salsa de mantequilla y alcaparras, puré de chícharos, zanahorias asadas y crujientes chips de camote. Cada ingrediente, técnica y montaje, con sus respectivos procesos, define a este sistema, por eso podemos decir con toda seguridad que todos los platos son sistemas dispersos.

La glicación, conocida popularmente como reacción de Maillard, consiste en dorar un alimento por medio de calor.

10.

»Algunos procesos químicos generan nuevos sabores en los alimentos

La preparación de una receta implica condimentarla, pero además podemos dotarla de nuevos sabores por la aplicación de procesos químicos. Cuando cocinamos estamos trabajando con elementos de la química, y son esas reacciones las que modifican el sabor de nuestros alimentos. Entre ellas, las más utilizadas y referenciadas son las reacciones de glicación, caramelización y fermentación.

La glicación, conocida popularmente como reacción de Maillard, consiste en dorar un alimento por medio de calor. Técnicamente, es la presencia de una proteína (aminoácido), sumado a azúcares (principalmente la glucosa) y por medio del calor descomponen sus estructuras moleculares liberando elementos y uniéndose con otros. Son esos cambios los que producen nuevos aromas y sabores. Por eso unas papas doradas, un pollo asado o el café tostado saben totalmente diferentes. Es una reacción en la que influyen, además, el tiempo y la temperatura aplicada.

La caramelización, similar a la glicación, es una reacción del azúcar al calor. El mejor ejemplo para entenderlo siempre será el caramelo con azúcar (sacarosa). Al aplicar calor, el azúcar se dora, desarrollando aromas y sabores a mantequilla, vainilla, *toffee* y cereza. La descomposición de las moléculas de la sacarosa en varios compuestos es lo que genera esas notas aromáticas.

La fermentación es un proceso mediante el cual determinados microorganismos se convierten en "cocineros" que transforman los alimentos. Los hongos y bacterias son capaces de consumir y degradar las moléculas, rompiendo los enlaces y creando nuevos componentes, al tiempo que pueden secretar otras sustancias como el dióxido de carbono. Todas estas reacciones ocurren a nivel microscópico, de manera lenta, pero consiguiendo beneficiosos resultados. Ejemplos de esto son la levadura en el pan, la fermentación que transforma al vino en vinagre, al té en kombucha o a la leche en yogur. Cabe destacar que hay otras reacciones químicas como oxidación, hidrólisis o pirólisis que también contribuyen a la formación de sabores, y que analizaremos en los próximos capítulos.

» ¡Qué interesante, qué manera de aprender!

En efecto, todos estos elementos son básicos, pero muy esenciales y resumen de manera sencilla los pilares de la gastronomía científica. Hemos analizado lo que ocurre dentro de nuestras ollas y cacerolas, encontrando respuestas y potenciales soluciones. Son el punto de partida para lanzarnos en la aventura de leer *Esto es ciencia y cocina*.

» ¿Qué nos sugieres para empezar a utilizar este conocimiento?

Piensen en cualquier receta, y mientras cocinan sus alimentos o emplaten su elaboración, pregúntense cuál o cuáles de estos elementos revisados aplican durante la preparación o cocción. De esa manera, estarán poniendo en práctica lo aprendido y los pondrá un paso adelante en este divertido mundo de la ciencia en la cocina. Además es un interesante tema de conversación entre familiares y amigos.

CAPÍTULO

Nº 3

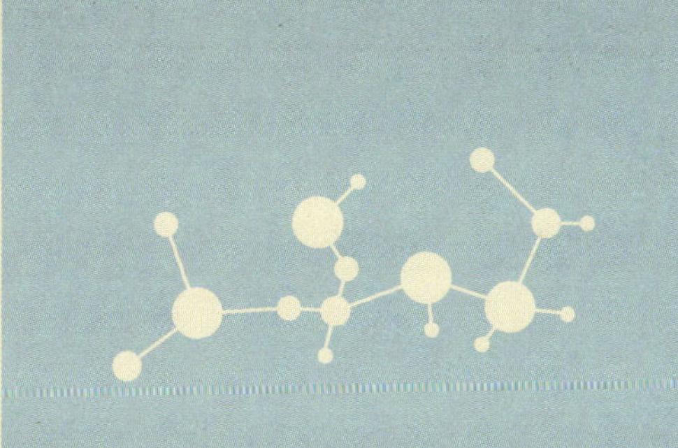

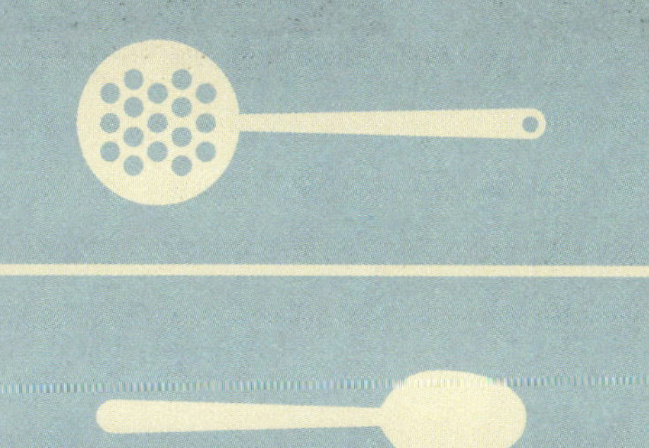

CARNES

3.1

La verdad sobre dorar carnes

Usualmente se recomienda dorar la carne antes de cocinarla, a fin de dotar de color y textura a este producto. Durante mucho tiempo se creyó que esta técnica, denominada sellado, permitía retener los jugos de la carne, haciéndola más jugosa. Ahora se sabe que esto es erróneo, pero mucha gente todavía lo cree.

Revisemos por qué es falso y qué beneficios trae sellar la carne.

» ¿Por qué se creía eso?

Fue una idea ampliamente difundida por chefs, libros y programas, eso de formar una costra, una especie de capa protectora, casi al nivel de un escudo impenetrable (por la textura que queda en la superficie) que permitiera retener los jugos. Muchos cocineros dan tips o recomendaciones culinarias basadas en su experiencia, en la práctica de realizar una acción reiterativamente, pero a veces sin bases científicas.

» ¿Y quién fue el que difundió esta idea sobre sellar la carne?

Todo partió con el renombrado "emperador de los cocineros", el señor Auguste Escoffier. En su libro *Le Guide Culinaire* publicado en 1903, considerado uno de los textos más valiosos de la gastronomía, escribió lo siguiente haciendo la diferencia entre braseado y hervido:

"**Dorado de la carne** *(rissolage)*: la pieza a brasear, la que sea, debe ser dorada previamente en mantequilla o grasa, en placa al horno o en cacerola. Este dorado tiene por objetivo cerrar los poros de la carne y mantener los jugos al interior".

Escoffier fue uno de los pioneros en mencionar que la cocina es un laboratorio y debe ser tratada con meticulosidad científica, aunque con los problemas de su época no le quedó mucho tiempo para experimentar y comprobar si su afirmación era correcta.

Carne sellada: pieza dorada en sartén después finaliza su cocción al horno. Peso inicial: 209 g. Peso final: 163 g. Rendimiento: de 78%.

Carne sin sellar: pieza asada directamente al horno. Peso inicial: 189 g. Peso final: 157 g. Rendimiento: de 83%.

El texto de Escoffier se usó como base educativa para la cocina occidental, siendo la cocina francesa el punto de partida de todo. Nadie se atrevía a discutir los dichos de Auguste Escoffier. Así fue como esta idea sobre sellar la carne llegó a oídos de todos quienes trabajan alrededor de las sartenes.

» Suena lógico lo de cerrar los poros...

Exacto, suena sensato eso de formar una capa protectora antiescape de jugos. Pero en relación con la carne, cuyos músculos comestibles tienen fibras, se comportan bastante diferente a los poros u otro elemento que pueda crear barreras impermeables.

» ¿Qué ocurre al sellar la carne?

Sellar es una técnica que consiste en aplicar altas temperaturas sobre un alimento a fin de dorar su superficie en un corto tiempo. Es más fácil si usamos superficies metálicas gruesas que puedan retener el calor, como el hierro, y adicionamos materias grasas para conseguir una conductividad más alta. En el caso específico de las carnes, las fibras musculares —que son las que contienen el agua— evaporan su agua superficial y sus proteínas se contraen, así comienzan a dorar. Se concentran sabores gracias a la evaporación y la superficie se percibe seca, por el mismo acto de evaporación. Después del dorado, basta con controlar la temperatura hasta lograr el punto de cocción deseado.

» ¿Y qué pasa con los jugos?

Cada trozo de carne está compuesto por múltiples fibras musculares. Al trocear la carne, estas quedan expuestas. Al dorar, el

A la izquierda pieza sin sellar, a la derecha pieza sellada. El color y sabor son más atractivos en la carne sellada, pero curiosamente el rendimiento es inferior comparado con la carne sin sellar. Debido a que se evapora más agua de la superficie por las altas temperaturas del dorado. En cocina se entiende como un proceso que, independientemente de su menor rendimiento, nos permite obtener un mejor sabor.

calor impacta solo la superficie, por lo que sella el extremo, pero no los costados. Entre cada fibra se generan espacios en los que el calor no penetra, y por ahí se drenan los jugos (ver ilustración).

» Debe haber una manera de comprobar que lo de Escoffier no era verdad...

Ya ha sido desmentido, pero vamos a hacer un experimento para comprender el fenómeno y no volver a caer en el error.

» Experimento

Tomaremos una pieza cárnica, lomo liso de vacuno, y la dividiremos en dos trozos de tamaño similar. Los pesaremos y registraremos los valores. Doraremos el primero a altas temperaturas a fin de lograr buen color. Luego continuaremos con su cocción a fuego medio. La segunda pieza irá directo al horno, a 160 °C, sin dorar. Ambas carnes se cocinarán a la misma temperatura interna controlada por sonda, serán 60° C. Después de un reposo, se pesarán nuevamente para ver las diferencias. Lo primero que notaremos es que ambas, durante el reposo, eliminaron más jugos, los que se escapan entre las fibras musculares y, por efecto de la gravedad, quedan almacenados en el plato. Segundo, al pesarlas, la que fue dorada previamente ha perdido más volumen. Esto se debe a que evaporamos más de su agua superficial. El color de la pieza es más atractivo, pero el trozo que fue al horno pesa más. Ambas tienen el mismo punto de cocción.

El sellado o dorado no influye en que la pieza pierda más o menos de su líquido interior.

Carnes cortadas: ambas piezas del experimento mostrando el interior que en los dos casos fue de 60°C interno.

» Pero algo bueno tiene que tener dorar la carne, ya que se sigue haciendo...

Efectivamente. Veamos los motivos principales:

1. **Da una mejor presentación**: el color dorado hace visualmente más apetecible cualquier alimento.

2. **Concentra los sabores**: por el hecho de la evaporación superficial en las fibras, al haber menos agua, tenemos más sabor concentrado.

3. **Genera nuevos aromas y sabores**: debido a la glicación o reacciones de Maillard, los alimentos son más tentadores y suculentos al generarse nuevos componentes aromáticos y gustativos.

4. **Entrega una mejor textura superficial**: ligeramente crujiente en la superficie, por efecto de la deshidratación de las fibras musculares.

5. **Permite acelerar las cocciones**: al dorar las superficies, se genera más calor y permite que al interior las temperaturas suban, las cocciones son ligeramente más rápidas a diferencia de cuando se cocina directamente sin dorar.

» ¿Siempre hay que hacerlo al inicio de la cocción?

Lo común es aplicar esta técnica al inicio y luego continuar la cocción, como en las cocciones prolongadas de asados, braseados y estofados. Pero en muchos casos se puede dorar nuevamente al final, para marcar un dorado y textura superior. Todo depende

"Las fibras musculares empiezan a ceder jugos sobre los 40° C, aunque es más notorio sobre 50 - 60 °C".

Sellar carnes: el líquido retenido dentro de las carnes puede escapar de cualquier zona de las fibras. Al dorar la carne, solo puede sellar la superficie de las fibras, aun así, el líquido interno presiona y escapa por esa misma zona, por los costados y por entre las fibras. Por eso no hay técnica que retenga efectivamente la totalidad de los jugos al interior de la pieza.

de cuán manipulable y frágil sea la pieza. Como ejemplo, volver a dorar una carne roja como lomos y filetes es sencillo, por lo firme que es. No obstante, en piezas más frágiles como pescados, volver a dorar sería un desafío, ya que manipular una carne muy frágil en una plancha o parrilla costaría bastante. Se pueden usar otras técnicas de dorado como colocar bajo el grill o aplicar fuego directo con un soplete con gas map.

» Danos recomendaciones para realizar un buen dorado

1. **Precalentar bien la fuente de cocción**

2. **Secar la superficie de las carnes:** queremos evaporar el agua para dorar, así que mejor si secamos previamente con papel absorbente el exceso de humedad de la superficie.

3. **Utilizar la cantidad justa de materia grasa:** los aceites y grasas permiten conducir más rápido la temperatura sobre la pieza, por ende, hay que utilizar la cantidad justa. El exceso podría freír. Además, es un componente que nos ayuda como antiadherente.

4. **Evitar mover la pieza durante el dorado:** hay que darle tiempo a la carne para que se dore, si la movemos mucho, solo retrasaremos la evaporación. Si presionamos la pieza, comenzará a salpicar el agua interna, lo que bajará la temperatura y podría hervir en sus propios jugos o pegarse a la superficie de cocción.

3.2

¿La leche puede reblandecer la carne?

Existen muchas técnicas para ablandar la carne. Analizaremos si marinarlas en leche funciona y es un buen proceso.

» Dejar la carne en leche no suena muy apetitoso...

Yo era uno de esos escépticos ante el método, sin embargo, tras experimentar y analizar estudios, comprobé que es una gran idea. Empecemos por entender qué es la dureza de la carne.

» ¿Por qué hay carnes que son más duras que otras?

La carne está formada por redes proteicas. Una de ellas es el tejido conjuntivo, que contiene principalmente colágeno, sustancia que da firmeza y retiene las fibras musculares. El tejido conjuntivo determina cuán dura es la carne, y se concentra en zonas como alas, patas, cuello y cola. Para que la carne sea fácil de masticar debe tener poco tejido conjuntivo o aplicarle suficiente cocción para debilitar el tejido. De esa manera, el colágeno se desnaturaliza y se transforma en gelatina.

» Además del colágeno, ¿qué influye en la dureza de la carne?

El tipo de animal, la raza, la edad, dónde habitó, su dieta, todo influye. Un pescado es más tierno que un cerdo y, generalmente, los animales de mayor tamaño suelen tener carnes más firmes. También infiere en la dureza el *rigor mortis*, lo que ocurre después de matar al animal. Durante el proceso, los músculos se tensan por lo que requieren de una maduración durante un tiempo, a fin de eliminar o reducir el estrés muscular, permitiendo obtener carnes más tiernas. En un pescado ocurre después de unas horas, en un vacuno tarda al menos dos semanas.

» ¿Siempre hay que esperar un tiempo tras la matanza de un animal?

El reposo o maduración de una carne reduce o elimina el *rigor mortis*, a fin de dar terneza a la pieza. Durante la maduración, se produce el descanso muscular, se controla el ácido láctico (que modifica el pH) y muchas enzimas comienzan a actuar.

El sistema enzimático reblandece el músculo, puesto que las enzimas catepsinas y calpaínas, categorizadas como proteasas, ayudan a degradar las proteínas miofibrilares (de las fibras musculares). En palabras sencillas, estos componentes son tijeras que cortan las proteínas, debilitándolas y haciéndolas más blandas. El pH también juega un rol importante, ya que al momento de sacrificar el animal, su carne se vuelve más ácida. Mediante el reposo baja esa

Es una técnica que recomiendo por la efectividad en sus funciones, recordando que aplica mejor sobre piezas individuales o delgadas. Recuerda: leche en marinada aporta calcio, activa las calpaínas, que son las enzimas que cortan las redes proteicas, y permiten más terneza.

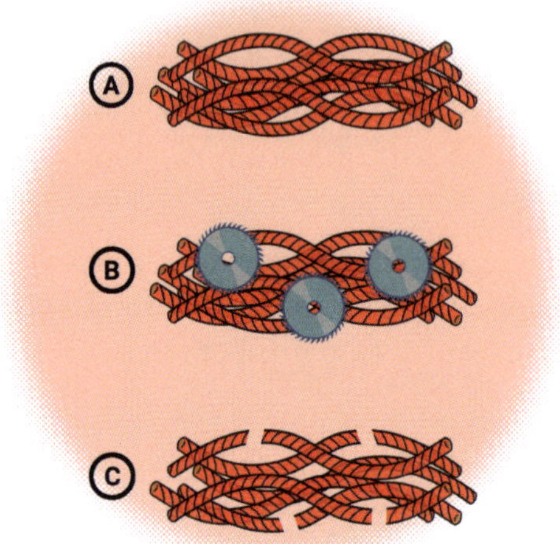

Las fibras de las carnes (A) determinan cuán resistente o duro puede ser un trozo. Al dejar marinando en leche, estimula a las enzimas principalmente calpaínas (B) ilustradas como sierras que desenredan y cortan algunas fibras. Así, después de varias horas, queda un trozo con fibras menos enredadas y más cortas (C).

acidez. El pH de las carnes ronda entre 5.0 y 6.2. Una de las enzimas, las calpaínas, se comporta mejor en entornos de pH de 6.6, por lo que, si somos capaces de subir este pH, funcionará mejor el sistema enzimático para ablandar aún más la carne.

» ¿Qué métodos permiten reblandecer la carne?

Nos enfocaremos en las carnes de vacuno, cerdo, cordero y en aves, ya que los pescados y mariscos suelen ser suaves y sus proteínas son más débiles.

1. **Maduraciones prolongadas:** se deja madurar por más tiempo para lograr aún más terneza. Puede tomar semanas o meses.

2. **Golpes mecánicos:** azotar una carne rompe las fibras musculares y las hace más tiernas, como al momento de golpear y aplanar para hacer escalopas.

3. **Marinadas ácidas:** ingredientes como jugo de limón, tomate o vino pueden ablandar, ya que ayudan a desnaturalizar las proteínas superficiales, debilitándolas. No se debe exponer por mucho tiempo, pues el resultado es pérdida de textura y resequedad.

4. **Marinadas en proteasas:** marinar las carnes en jugo de piña fresca, kiwi o papaya reblandece mucho más la carne, pues las proteasas debilitan o rompen las proteínas. Es ideal para carnes muy fuertes, como pichones, ciervos, etcétera.

» ¿Y la leche?

La leche suele tener un pH poco ácido (entre 6.4 y 6.8), casi neutro y alcalino, en algunos casos. Genera un entorno ideal para que las enzimas actúen, y su presencia de calcio aporta además otros nutrientes en la carne. Así estas enzimas empiezan a cortar o "desenredar" estas redes proteicas y dejarán la carne más tierna. Es bueno aclarar que esto ocurre principalmente en la superficie de la carne, por lo que en trozos más delgados actuará mejor. Además, al no ser tan ácida como los vinos o limón, deja un sabor bastante agradable.

Vaciar leche en todo tipo de carnes nos ayuda a lograr texturas más tiernas y deja un sabor más suave. El ideal es cubrir con líquido y dejar en refrigeración por 24 horas.

» ¿Cómo funciona esta técnica?

Se limpia o desgrasa la pieza cárnica, luego se vierte leche fría sobre ella, hasta cubrir. Se tapa y se deja en frío por, idealmente, 24 horas. Luego se extrae de la leche, secándola con papel absorbente para retirar el exceso de humedad y se cocina según el método de cocción deseado. La leche usada para marinar se descarta.

» ¿Se puede aplicar en todo tipo de carnes?

Sí, aunque observo mejores resultados sobre carnes como pollo y cerdo. Se puede aplicar a carnes rojas de alto y bajo contenido de colágeno.

» ¿Y puedo volver a usar la leche?

La leche contendrá varios sabores crudos de la carne y microorganismos, por lo que se recomienda descartar y no reutilizar para marinar más carnes.

» ¿Tiene algún otro valor agregado?

Sí, aquí enumero algunos:

1. **Aporte de color**: las proteínas y lactosa de la leche ayudarán a generar un poco más de color dorado en la superficie por glicación o reacción de Maillard.

2. **Reduce sabores fuertes**: algunas carnes como las de caza o interiores como el hígado poseen sabores y aromas fuertes. La leche, al ser una emulsión de agua y grasa, disuelve muchos componentes aromáticos fuertes que son hidro y liposolubles, así el sabor de la carne queda más suave.

» ¿Recomiendas algún tipo de leche en especial?

Toda la leche de vaca sirve, ya sea entera o descremada.

3.3

¿El jugo de limón cocina el pescado?

A la hora de preparar ceviches, aguachiles o tártaros vertemos una generosa porción de jugo de limón o de algún cítrico. Además del sabor, los cítricos cambian la apariencia y textura de los alimentos, confundiendo con la forma que adquieren al ser cocinados. ¿El jugo de limón cocina los alimentos?

» ¿Qué ocurre al añadir ácidos a las carnes?

Hablaremos específicamente del limón, pero esta teoría aplica a otros líquidos cítricos y vinagres. El jugo de limón posee un pH de 2.2 a 2.6, es decir, bastante ácido. Al entrar en contacto con el pescado, empieza a reaccionar sobre las proteínas superficiales, desnaturalizándolas. Es decir, corta las redes proteicas, por ese motivo vemos que el pescado empieza a soltar su propia agua, debido a la rotura superficial de las fibras musculares (así se forma la famosa leche de tigre peruana). La desnaturalización continúa y la textura cambia, volviéndose más fácil de masticar, al tiempo que la coloración muta a tonos más claros o blancos intensos. La apariencia parece de cocción, pero lo que realmente ha sucedido es una marinada.

» Entonces, no hay cocción...

Algunos científicos denominan esta reacción como una decocción, puesto que otorga características similares a una cocción, pero sin aplicar temperaturas. Una cocción, en el caso de proteínas, es una desnaturalización con calor, mientras que con limón, es una desnaturalización sin calor. Sin embargo, en ambos casos, estamos cocinando.

» ¡Lo sabía, se cocinaba!

Exacto, si respetamos las definiciones, podemos decir que estamos cocinando el pescado al añadir jugo de limón, puesto que es una preparación y una ejecución técnica. Pero cocinar y cocer son dos verbos diferentes, por lo que no podemos afirmar que el jugo de limón aplica cocción al pescado.

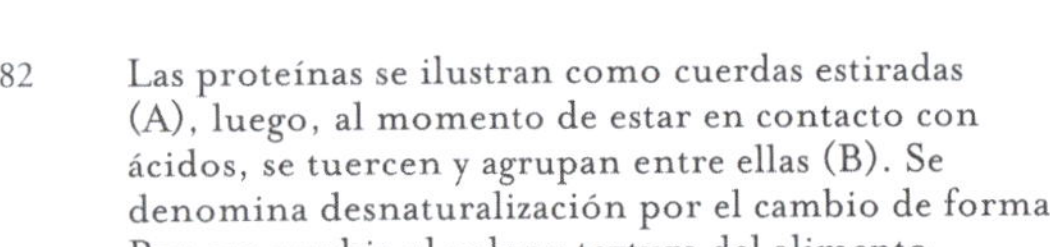

Las proteínas se ilustran como cuerdas estiradas (A), luego, al momento de estar en contacto con ácidos, se tuercen y agrupan entre ellas (B). Se denomina desnaturalización por el cambio de forma. Por eso cambia el color y textura del alimento.

Verter limón sobre carnes genera una reacción que cambia de color y textura. Técnicamente podemos decir que estamos "cocinando el pescado", pero no es correcto decir "aplica cocción al pescado".

RECUERDA:
el jugo de limón cocina el pescado, pero no aplica cocción.

» Supongo que el tiempo influye

Mientras más tiempo dejemos en marinado, más se desnaturalizan y debilitan las proteínas. También se abren las fibras musculares, permitiendo que los ácidos penetren poco a poco al interior, así la carne termina cediendo más de su agua, por lo que puede adquirir un sabor muy ácido y ligeramente seco. Los tiempos dependen de la receta y del gusto. Hay personas que prefieren que el pescado esté horas en contacto con el limón, hasta 24. Otros prefieren exponerlo durante pocos minutos para generar sabores frescos y texturas firmes.

Después del marinado en limón, son notorios los cambios en apariencia, textura y sabor en los pescados. De izquierda a derecha: atún, salmón y lisa. Primero, el pescado fresco y luego, su apariencia después de una hora de reposo en jugo de limón.

» ¿Esto aplica a todo tipo de carnes?

En pescados y mariscos, al ser carnes de proteínas más débiles, es muy común aplicar jugo de cítricos con los resultados antes mencionados. En carnes más firmes como vacuno, ocurre lo mismo, pero de manera más lenta, por lo resistentes que son las fibras musculares y por su mayor contenido de colágeno. Por consiguiente, ocurrirán las mismas reacciones de decocción con resultados diferentes de textura, sabor y apariencia, sin olvidar que el tiempo de marinado influye.

» ¿Y tiene efectos contra los microbios?

Hay quienes dicen que añadir ácidos a las carnes también mata a los microorganismos. Si bien muchas bacterias huyen de los entornos con bajo pH, el solo hecho de exprimir limón no erradica la presencia de bacterias, solo retrasa su proliferación. Por ende, el limón no tiene efectos bactericidas ni esterilizantes. Consumir carnes crudas marinadas solo será seguro si te aseguras de que el producto esté certificado en calidad y frescor, y si la manipulación se hizo en condiciones controladas de higiene.

3.4

Puntos de cocción: lo crudo y lo cocido

El punto de cocción de la carne es siempre tema de debate. Para gustos, colores. Más allá de cómo le guste a cada persona, es importante entender el proceso de la cocción para saber cuándo está cruda o no.

Crudo se considera un trozo que no posea tratamiento térmico que no altere su apariencia y características organolépticas.

» ¿Todas las carnes tienen un punto de cocción?

En todas se pueden determinar diferentes grados de cocción. Para explicarlo, nos enfocaremos en analizar lo que ocurre en carnes rojas de vacuno, puesto que son las más populares a la hora de reconocer puntos de cocción. Los famosos puntos se aplican a cortes con bajo contenido de colágeno, como lomos y filetes, pues en partes del animal con mayor presencia de colágeno, las cocciones requieren mucho más tiempo o técnicas de vacío y *sous-vide*, con el fin de lograr enternecer y cocinar.

¿Por qué se deben cocinar las carnes?

Para hacerlas digeribles y darles mayor sabor. Veamos:

1. **Ablanda las fibras musculares**: por la desnaturalización de sus proteínas, así se debilitan y comienzan a soltar jugos.

2. **Debilita el tejido conjuntivo**: formado principalmente por colágeno, se desnaturaliza y se transforma en gelatina. Así quedan más tiernas para masticar.

3. **Funde o ablanda la grasa**: lubricando las fibras para un mejor sabor.

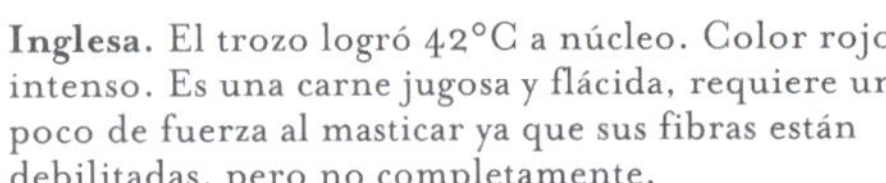

Inglesa. El trozo logró 42°C a núcleo. Color rojo intenso. Es una carne jugosa y flácida, requiere un poco de fuerza al masticar ya que sus fibras están debilitadas, pero no completamente.

Punto medio. El trozo logró 57°C a núcleo. Color rosado intenso. Es una carne muy jugosa que al masticar despide bastante líquido. Sus fibras están muy debilitadas, por lo que masticar es más fácil.

» ¿Qué más sucede al momento de cocinar una carne?

Si nos vamos a lo más científico, durante la aplicación de calor:

1. **Sobre 40-45 °C / debilitación de proteínas:** se empiezan a ver tonos brillantes y traslúcidos, debido a que las fibras sueltan agua con proteínas suspendidas en el líquido, las que se reflejan con la luz.

2. **Sobre 50 °C / coagulación de proteínas:** está la miosina, que es una de las proteínas principales y forma coágulos que dispersan la luz, así empezamos a ver tonos más opacos, como rojos pálidos o rosados.

3. **Sobre 60 °C / desnaturalización del color rojo:** los tonos rosados comienzan a desvanecerse, se tornan en matices cafés.

» Es el calor el que cambia el color...

La gran responsable del color rojo de la carne es la proteína mioglobina, la que experimenta cambios si se expone a temperatura.

- **Desoximioglobina:** carne cruda envasada, carece de oxígeno, por eso tiene tonos oscuros casi morados. Se observa en carnes envasadas al vacío.
- **Oximioglobina:** se observa en carnes crudas que, en contacto con el oxígeno, adquieren tonos rojos más brillantes. Cuando se cocina la carne (60-65 °C) y debido al calor, pasa de rojo brillante a rosado dependiendo del punto.
- **Metamioglobina:** en carnes con cocción, sobre los 60-65 °C las mioglobinas se oxidan y deriva en tonos cafés.

Según las variaciones de la mioglobina y oximioglobina, podemos clasificar los puntos de cocción. Aunque es la temperatura la que

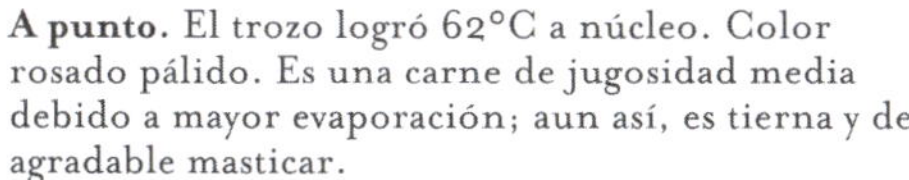

A punto. El trozo logró 62°C a núcleo. Color rosado pálido. Es una carne de jugosidad media debido a mayor evaporación; aun así, es tierna y de agradable masticar.

Bien asada. El trozo logró 72°C a núcleo. Color beige. Es una carne algo seca y requiere más fuerza para masticar, debido a que sus fibras se contraen y evaporan gran cantidad de su agua.

permite la exactitud del punto, pues el ojo humano puede ser engañado por los tonos de la carne. Esto se debe a que las mioglobinas pueden variar en su comportamiento, si por ejemplo, las carnes fueron mal congeladas, recongeladas o expuestas a humo. También se cae en error al observar el color de la carne sacada del fuego y recién cortada. Lo ideal es esperar un minuto para que el oxígeno incremente el tono de la oximioglobina, así veremos un color más certero.

» ¿Cuántos puntos de cocción existen?

Dependiendo del lugar o factores culturales se registran entre cuatro y ocho puntos. Sin embargo, para una clara comprensión utilizaremos la clasificación francesa. Cabe destacar que las temperaturas son medidas a núcleo, o sea, medidas al centro de la pieza.

1. **Inglesa / bleu:** 40 a 45 °C, tono rojo brillante, textura blanda, flácida y masticable.
2. **Término medio / sangrante:** 50 a 55 °C, tono rojo a rosado, textura tierna y jugosa.
3. **A punto / tres cuartos:** 60 a 65 °C, tono rosado a rosado pálido, textura tierna, más firme y menos jugosa.
4. **Bien asado / bien cocido:** 70 °C o más, tono café claro a gris, textura muy firme y poco jugosa.

» Pero el primero parece crudo...

¡Es la eterna discusión! El punto conocido como a la inglesa aplica una temperatura de 40 °C, la que provoca cambios de estructura y color, desnaturalizando las proteínas. Ciertamente, los cambios estructurales se aprecian más nítidamente bajo temperaturas superiores, no obstante, sí existe cocción en un punto inglés, y entonces técnicamente no está crudo. Un alimento crudo no ha tenido tratamiento térmico, por lo que no sufre cambios.

» Entonces, ¿cómo se le debería decir?

Dependiendo del punto que apliquemos en la carne, podemos hablar de que está menos o más cocido, pero nunca más o menos crudo.

» ¿Hay un punto mejor que otro?

Los puntos de cocción deben ser tratados como sugerencias, no como obligaciones ni absolutos, puesto que todas las personas tienen gustos diferentes a la hora de disfrutar un trozo de carne. Un cocinero o asador puede sugerir el punto que más provecho sacará a dicho corte, pero la elección final siempre será gusto personal.

» Hablaste de hasta ocho tipos de punto...

Se refieren a las temperaturas que están entre los cuatro identificados nítidamente. Prefiero la clasificatoria de cuatro puntos, ya que son más notorias las diferencias en cuanto a apariencia y textura. En muchos casos prefiero hablar exclusivamente de temperaturas internas más que de nombres, pues es mucho más didáctico.

» ¿Podemos obtener más de un punto de cocción en una misma pieza?

El calor se irradia de afuera hacia dentro, por lo que dentro de un mismo trozo podemos apreciar varios grados de cocción. En una pieza grande, generalmente las puntas estarán más cocidas por ser más delgadas, mientras que las zonas medias, más gruesas, estarán menos hechas. En una pieza individual con forma regular, la superficie siempre estará más cocida porque puede alcanzar los 90 °C pero, a medida que se acerca al centro, los grados disminuyen hasta el punto deseado. Además, normalmente las carnes se dan vuelta para que se cocinen uniformemente por ambas caras, lo que genera variaciones en la temperatura. De esta forma, la zona cuya superficie esté a mayor temperatura, determinará el punto de cocción. En la ilustración veremos un ejemplo donde se busca un núcleo de 58 °C.

» Y el jugo que brota de la carne, ¿es sangre?

No, no es sangre. Cuando el animal es abatido se le debe extraer todo resto sanguíneo de los músculos, pues de lo contrario la carne se pudriría en pocos días y sería un riesgo sanitario. El jugo que sale durante la cocción o al partir un trozo de carne es una mezcla de agua y proteínas, principalmente mioglobina. En el gremio se le conoce como "purga". Entonces, ya sabes qué decir cuando veas todo ese líquido saliendo de los asados.

90°C
70°C
62°C
50°C
62°C
70°C
90°C

Cocción vacuno: cuando a una pieza se le aplica cocción, el calor se difunde de afuera hacia dentro, por eso al momento de partir un trozo notamos diferentes tonos de colores que nos indican la temperatura aproximada de la pieza. En eso influye el método de cocción aplicado. Como ejemplo, vemos que la superficie que está más cerca del calor adquiere por sobre los 90° C y a medida que se acerca al centro disminuye la temperatura. Cuando medimos con sonda, nos interesa el núcleo, ya que esa será la zona que determine el punto de cocción general.

Crudo será cualquier alimento que no tenga tratamiento térmico. Es bueno aclarar que existirán casos donde aun aplicando calor, se considera crudo, como el ejemplo de piezas grandes que solo se doran rápidamente en la superficie, pero al centro estarán frías. Una receta icónica es el tataki. Dependerá siempre de tiempo y temperatura.

» ¿Y por qué hay quienes recomiendan consumir la carne más cocida?

Es por inocuidad alimentaria, apelando a una mayor seguridad, evitando contaminación biológica. En el caso de las carnes, la gran mayoría de los microorganismos se concentra en la superficie, por lo que si doramos, es decir, sometemos a altas temperaturas la superficie, quedará libre de microbios. Por eso, en mis clases incentivo siempre a los alumnos a que doren la carne por todas sus caras, con el fin de ganar en sabor al tiempo que logramos una mayor inocuidad. No es el caso de la carne molida, pues destruiríamos la superficie, por lo que los microorganismos tienen más zona de contacto. Por ello se recomienda comer hamburguesas sobre 60 °C al núcleo.

3.5

La sal en la carne

Debe ser la discusión más común entre la comunidad parrillera. La cantidad de versiones existentes es infinita. ¿Cuándo se debe echar sal a la carne?

» ¿Por qué hay tanta discusión?

El momento de añadir la sal es debate parrillero. Hay quienes afirman que se debe salar al principio, otros que cuando la carne entra en contacto con el calor, y otros aseguran que se debe aplicar al final, fuera del fuego. El asunto radica en cómo concentrar los jugos de la carne.

» ¿Qué hace la sal en la carne?

Atención:

1. **Sazón:** realza el gusto cárnico.

2. **Textura:** influye al masticar, pues la sal de cristal grueso genera crocancia.

3. **Terneza:** la sal afecta la carga eléctrica (sí, eléctrica) de las moléculas de proteínas, influyendo en la coagulación. Si hay sal presente con anticipación, hará una red de proteínas más débiles, por ende, será un poco más tierno. Influye también en el punto de cocción.

» ¿Y es verdad que hace que quede más seca?

Se dice que añadir previamente sal a una carne provoca que esta libere agua por ósmosis, lo que podría deshidratarla y resecarla al final de la cocción. Salarlas previamente también suele asociarse con el efecto de las carnes curadas en sal, como en los jamones o productos de charcutería en general, ya que la sal retira más agua de las piezas, dejándolas más secas. No hay que olvidar que esos procesos de curado toman días y no aplican a las cocciones más sencillas que ahora discutimos. La sal, en realidad, no afecta a la sequedad ni a la pérdida del peso.

» ¿Cómo pierde peso?

Hay dos grandes sucesos que ocurren durante la cocción:

1. **Evaporación del agua:** del líquido contenido dentro de las fibras musculares.

2. **Derretimiento de grasas:** ya sea las externas o intramusculares.

Recordemos que la carne está formada principalmente por agua, más del 70 %, por eso mientras más cocción tenga, más líquido evapora, incluyendo la constante fundición de las grasas que lubrican las fibras otorgando mayor sabor.

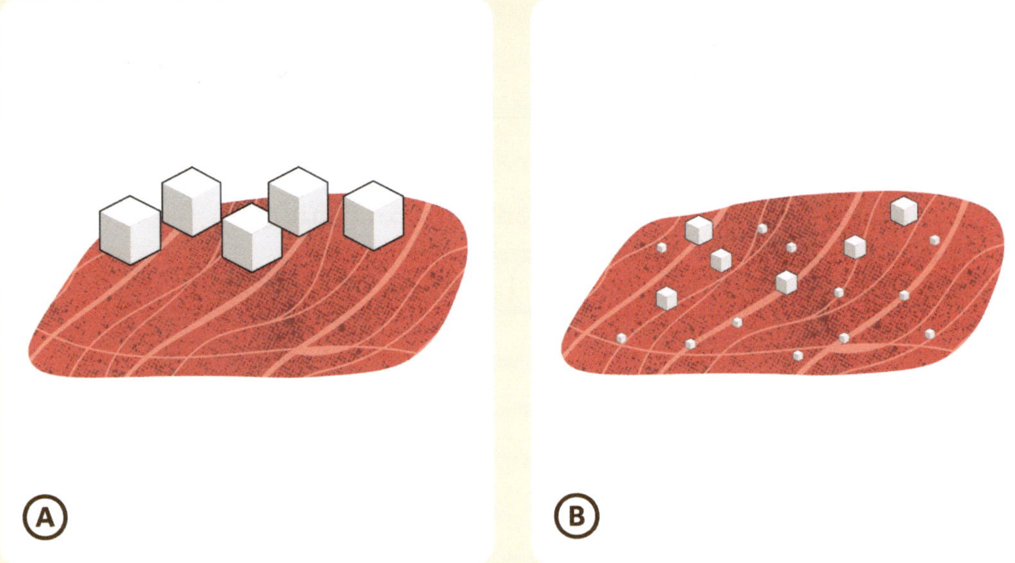

Al colocar sal en la carne (A), los cristales se disuelven lentamente en la superficie gracias al agua de la propia carne. Si se deja más tiempo en reposo, la sal disuelta comienza a penetrar hacia el interior (B), dejando una sazón más pareja en la pieza.

» ¿Aplica a todo tipo de carnes?

En efecto, todo tipo de carne necesita ser sazonada. El debate suele centrarse en las carnes rojas, pero las discusiones sobre en qué momento es mejor salar un alimento es un tema discutido sobre todo tipo de proteínas animales.

» ¿Influye el tipo de sal?

Cada asador, experto o aficionado, usa su sal predilecta. Generalmente se inclinan por sales gruesas. Hemos de entender que mientras más fino sea el cristal, más rápido se disuelve en el agua de la carne; mientras que a mayor grosor, más lenta será la disolución.

» ¿Qué sucede al añadir sal?

Es preciso explicarlo.

Veamos el caso sobre carne cruda:

1. Fase superficial: la sal toca la superficie de la carne y empieza a disolverse poco a poco en el agua del producto, iniciándose el proceso de ósmosis. Vemos gotas de agua, ya que la sal empieza a extraer los líquidos.

2. Fase de disolución: dependiendo del tamaño del cristal, la sal termina por disolverse en el agua superficial, este líquido empieza a repartirse, se dispersa entre las fibras musculares y es absorbido. Después de un rato, la superficie queda sin gotas. No hay evaporación por calor.

3. Fase de impregnación: dependiendo del tiempo, la sal disuelta comienza a penetrar sobre las fibras musculares, así se sazona el interior de la carne.

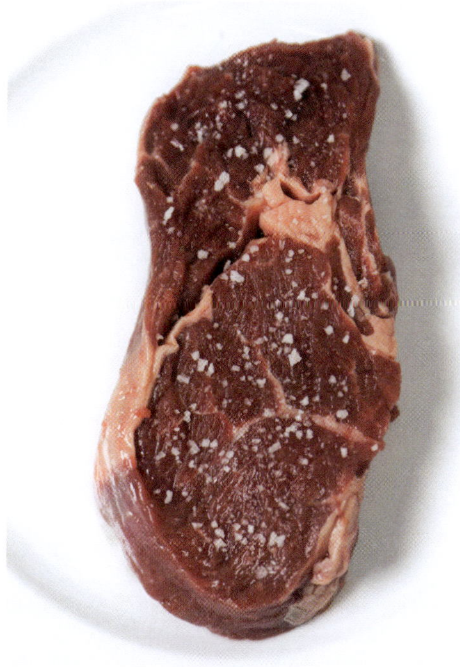

Cristales de sal puestos al momento sobre una carne.

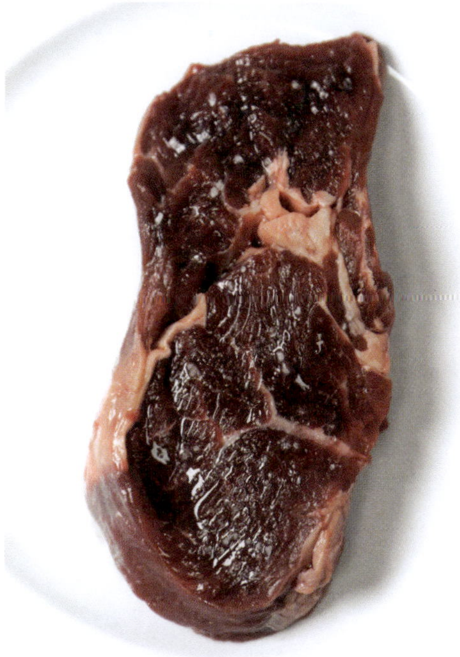

Cristales de sal después de 1 hora de reposo sobre la carne. El tamaño de la sal disminuye, ya que se disuelve en la propia agua de la carne debido al proceso de ósmosis que se genera. El color de la carne cambia debido a su exposición al oxígeno.

Si añadimos la sal con anticipación, la carne exudará parte de sus líquidos, que perderemos por ley de gravedad. Sin embargo, es una escasa cantidad de agua, puesto que el mayor depósito se encuentra al interior de la carne.

» ¡Vamos con el experimento!

Usaremos carnes rojas de vacuno. Serán dos cortes diferentes, los cocinaremos de la misma manera y revisaremos qué cambios se producen al añadir sal en momentos diferentes. Evaluaremos:

- **Caso 1**: añadimos la sal al momento de iniciar la cocción, sobre carne cruda.
- **Caso 2**: añadimos la sal una hora antes en reposo, sobre carne cruda.
- **Caso 3**: añadimos la sal 24 horas antes en reposo, sobre carne cruda.
- **Caso 4**: añadimos la sal al final de la cocción.

Lomo al momento: sal justo antes de colocar la carne a su cocción.

Lomo I hora: se coloca la sal sobre la carne y se deja reposar I hora en frío.

Se tendrán las siguientes consideraciones:

- Cada trozo de carne se limpiará y pesará para su cálculo de rendimiento.
- Cada trozo llevará un 0.8 % de su peso en sal.
- Se usará sal gruesa de cristal medio, cuidando que quede adherida a la superficie.
- Se cocinarán en la misma fuente de calor y controlarán con sonda.
- Todas las carnes se cocinarán al mismo punto de cocción medido al núcleo (60 °C.)
- Se dejarán reposar 5 minutos alejados de la fuente de calor.
- Se pesarán las carnes después del reposo y se registrarán sus pesos.
- Se calcularán los rendimientos.
- Los rendimientos se analizarán, concluyendo qué influencias tiene la aplicación de sal, en distintos momentos, sobre el resultado de la carne.

Lomo 24 horas:
se coloca la sal sobre la carne y se deja reposar 24 horas en frío.

Lomo instante:
al finalizar la cocción, se coloca la sal sobre la carne.

LA SAL EN LA CARNE

Tabla de resultados en experimento de sal:

Experimento en la carne	Peso inicial crudo (g)	Sal 0,8% (g)	Peso final cocido (g)	Rendimiento
Sal 24 horas antes	176 g	1.4 g	143 g	81.2%
Sal 1 hora antes	190 g	1.5 g	157 g	82.6%
Sal al momento	223 g	1.8 g	174 g	78.0%
Sal al finalizar cocción	160 g	1.3 g	123 g	76.8%

» Tabla de resultados

Conclusión: añadir la sal antes, durante o después de su cocción no tiene mayor influencia sobre la pérdida de peso del trozo de carne, y solo define el tipo de gusto del cocinero.

El momento en que se decide salar la carne depende del gusto de quien la cocine, pero no influye en la resequedad o peso del producto.

De izquierda a derecha: sal al momento, sal 1 hora antes, sal 24 horas, sal al final de la cocción. Todas las carnes tienen buena jugosidad, solo que la que presenta una mejor sazón, más equilibrada, es la de 24 horas, ya que la sal tiene suficiente tiempo de penetrar por las fibras. Así deja una sazón pareja.

» ¿Y en qué caso la carne sí quedaría seca?

En los siguientes escenarios:

1. **Exceso de cocción:** si cocinamos demasiado la carne, evaporaremos mucha agua y las fibras musculares quedarán muy comprimidas, por lo que su textura será firme y seca. Aplica principalmente en carnes de bajo colágeno.

2. **Saturación de sal:** un exceso de sal y mucho tiempo en reposo puede extraer mucha humedad. Además, quedaría muy salada.

» ¿Cuál es tu recomendación?

Como mencioné al principio, cada uno tiene sus gustos. Yo prefiero dejar las carnes varias horas en reposo con la cantidad de sal justa (hasta 24 horas antes), con el fin de conseguir un sazonado interior parejo y enternecer más la pieza. Posterior a la cocción y después del reposo, añado unos pocos cristales de sal, gruesa o en escamas, para obtener ese crujiente tan agradable.

3.6

¿Por qué algunas carnes se pueden comer crudas?

Carpaccios, tártaros y sashimis son preparaciones muy populares entre los consumidores, ya sea por su frescor y sabor o por lo llamativo que resulta comer carne cruda. Aprendamos cómo disfrutar de ellos de manera segura.

» ¿Cualquier trozo de carne se puede comer crudo?

Teóricamente sí, ya que los músculos de los animales destinados a consumo son aptos y comestibles para el ser humano. La discusión se centra en el aspecto gustativo, puesto que la idea de aplicar cocción es para mejorar el perfil organoléptico de la carne, al tiempo que la hace más digerible. Si consumimos alguna proteína cruda, es porque se ha encontrado la forma de enaltecer sus propiedades gustativas. Por eso se comen pescados, mariscos, vacuno, cordero, cerdo y hasta pollo crudo.

» Yo no comería pollo crudo...

A simple vista no suena algo apetitoso. Sin embargo, culturas como la armenia o la turca lo incorporan en la receta del basturma, que es carne de pollo curada. También existe el curioso ceviche de pollo, pero en muchos países está prohibido por el riesgo de intoxicación por salmonella. Siempre se debe garantizar que el producto sea seguro para su consumo.

» ¿Qué condiciones debe tener la carne para poder ingerirla cruda?

Nos enfocaremos en los productos de consumo masivo, como aves, ganado, pescados y mariscos. Sobre higiene e inocuidad alimentaria hablaremos más adelante.

1. Carnes certificadas: es decir, que cumplan con las normas exigidas por las autoridades sanitarias y ofrezcan un producto seguro y con trazabilidad. Evita siempre el comercio ilegal.

2. Facilidad para masticar: la carne se debe consumir y digerir, por eso debe contener bajo tejido conjuntivo, como el colágeno, en la pieza. Algunos mariscos y pescados tienen estructuras proteicas más débiles que las carnes rojas, las que son ideales para el consumo crudo. En el caso de carnes más firmes, se pueden aplicar técnicas para hacerlas más digeribles, como cortes o curados.

3. Sabor y gusto apropiado: productos como las ostras no requieren intervención para darles sabor, sin embargo, hay carnes que sí necesitan sazón para hacerlas agradables.

» ¿Qué técnicas hacen digerible la carne?

Una mezcla de ingenio humano y culinario:

1. **Cortes o moliendas:** masticar una carne cuesta por la resistencia que ejerce, pero al usar cuchillo y cortarla en tajadas o cubos pequeños, hacemos mucho más cortas sus fibras musculares, por lo que los dientes necesitarán menos fuerza para desgarrarla y masticar. En las moliendas se debilitan las fibras y tejido conjuntivo, por lo que es mucho más fácil de digerir. Ejemplos: carpaccio, sashimi, tártaro.

2. **Marinadas:** el uso de jugos cítricos, vinagres o líquidos salinos desnaturalizan las proteínas, haciéndolas más digeribles. La textura de la carne queda un poco más firme, pero fácil de masticar. Aquí el resultado depende del tiempo y la receta. Ejemplos: ceviche, yeoneojang, ika mata.

3. **Curados:** son formas de preservación diseñadas para extraer humedad del producto y darle mayor vida útil. De todas las técnicas existentes, las más comunes son la deshidratación por solutos y la deshidratación por aire. La deshidratación por soluto consiste en cubrir la carne con abundante sal o mezcla de sal y azúcar, para que, por ósmosis, se extraiga el exceso de agua y se deshidrate la pieza. La sal debilita las redes proteicas para hacerlas más tiernas. Los tiempos de permanencia oscilan entre un día y meses. En la deshidratación por aire, la carne se orea o deja en reposo en una cámara controlada por un periodo determinado a fin de madurar o extraer más humedad de la pieza. También se usa curado en sal y luego en aire. Ejemplos de preparación: gravlax, prosciutto, basturma.

4. **Fermentaciones:** se deja el trozo de carne con algún tratamiento prolongado que favorezca la acción de microorganismos, principalmente bacterias del tipo ácido lácticas. Las bacterias comenzarán a alimentarse de componentes orgánicos de la carne y romperán sus redes para ablandarlas, dejando una textura suave y sabores ácidos. Este tipo de técnicas es más común del lado oriental que occidental. Ejemplos: narezushi, naem, nem chua. Existen elaboraciones que mezclan estas técnicas, como en la charcutería. El chorizo pasa por molienda, después embutido y curado, o los salames, cuyo proceso implica molienda, embutido, fermentado y curado.

» Después de aplicar estas técnicas, ¿sigue siendo carne cruda?

Lo expuesto hasta aquí se refiere a técnicas de cocina, pero cocinar y cocer siguen siendo verbos diferentes. Estas técnicas sí están desnaturalizando proteínas, haciéndolas más digeribles sin la necesidad de aplicar altas temperaturas, por eso podemos hablar de preparaciones en crudo, o cocina en crudo.

» ¿Es seguro comer carne cruda?

La inocuidad siempre debe estar presente en nuestras preparaciones. Las carnes crudas requieren mucha más rigurosidad en los procedimientos, con el fin de reducir la contaminación biológica. Se desaconseja su consumo en personas con sistemas inmunes delicados. Para la manipulación de carnes crudas debemos cuidar lo siguiente:

1. **Usar solo carnes certificadas:** es mejor insistir en este punto y repetir su importancia. Debemos elegir carnes que vengan de

Sashimi: el pescado se puede masticar con facilidad al ser una carne de fibras musculares y colágeno más débil. Lo que se acostumbra es hacer cortes delgados que facilitan esta acción, como en sashimis. De izquierda a derecha: atún, salmón y lisa.

Tártaro: las carnes rojas, como de vacuno, son de estructura más firme y colágeno más resistente por lo que se recomienda cortarlas en rebanadas muy delgadas o en pequeños trozos para que sea más fácil de masticar. En la foto se presenta un tártaro de vacuno, *steak tartar* o crudo, como le dicen en Chile.

Es seguro (y delicioso) consumir carnes crudas. Muchas son parte de los recetarios tradicionales. Saber qué carne escoger o qué técnica de preparación usar favorece su digestibilidad.

lugares establecidos y seguros, ya que estarán vigiladas por expertos y veterinarios que alejan de enfermedades, patógenos y parásitos a los animales de crianza.

2. **Evaluar su estado**: deben tener buena apariencia, colores vivos y aromas frescos.

3. **Respetar la cadena de frío**: las carnes crudas se consumen bien frías. Esto, además de darles gusto fresco, reduce la multiplicación de microorganismos.

4. **Ser riguroso en las preparaciones servidas frescas**: asegura una conservación y un servicio ágil refrigerado, sin dar tiempo de exposición a temperatura ambiente.

5. **Usar tipos de carnes más seguras**: la carne que menos se consume cruda es el pollo, puesto que es la más expuesta a bacterias como salmonellas y campylobacter. Su estructura muscular es más permeable y permite este tipo de contaminaciones más rápidas. Pescados, mariscos y carnes rojas suelen ser más resistentes a esas bacterias, pero también tienen riesgo. Las carnes rojas, gracias a su fuerte red proteica que las hace menos permeables, suelen ser las más seguras. En muchos países se sugiere usar carne previamente congelada, ya que suele disminuir las probabilidades de parásitos, como el anisakis en pescados.

CAPÍTULO Nº 4

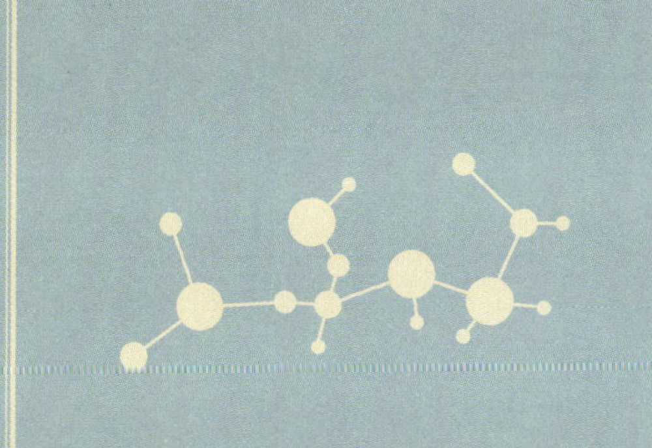

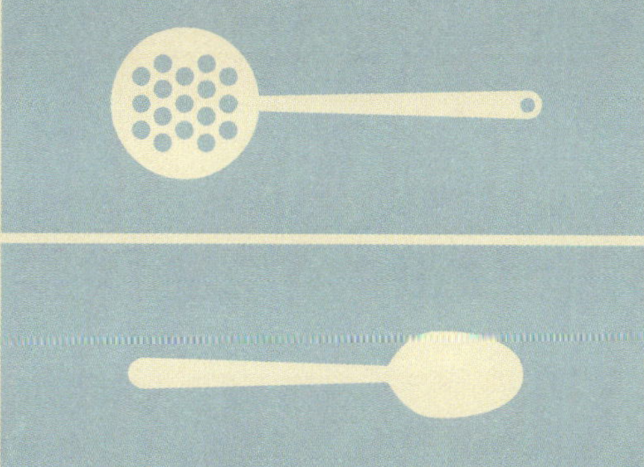

VEGETALES

4.1

¿Por qué las legumbres pueden quedar duras?

Las legumbres son esenciales en nuestra dieta, y aunque cada casa se jacta de tener la mejor receta, más de alguna vez no han conseguido darle el punto deseado, dejándolas duras. Algunos dicen que es porque estaban añejas, otros culpan a la olla y también hay quienes responsabilizan al cocinero. Es este capítulo entenderemos por qué quedan duras las leguminosas.

» ¿A qué me refiero por dureza a la hora de hablar de legumbres?

La dureza de las legumbres, estén frescas o secas, está determinada por celulosas, pectinas y otros almidones que son como el "cemento vegetal", componentes que dan firmeza. Se clasifican como sacáridos. En crudo, son poco digeribles y difíciles de masticar, por lo que requieren ser cocinadas en abundante agua para debilitar estos componentes.

Expliquemos los sucesos:

1. **Absorción**: los almidones y pectinas se hidratan y absorben agua, se hinchan y aumentan en volumen. Esto no requiere de altas temperaturas.
2. **Gelatinización**: ante la presencia de calor (sobre 70 °C) y gracias a la hidratación, los almidones hinchados gelatinizan, cambian su consistencia y espesan; por ende, este proceso ayuda a su digestibilidad.
3. **Debilitación**: con la absorción y gelatinización, los almidones hinchados empiezan a romper las paredes celulares, principalmente de celulosa, esto permite debilitar la estructura para hacer una textura fácil y agradable de masticar.

» ¿Aplica a todas las legumbres?

Sí, para frijoles, garbanzos, lentejas, entre otras.

» Dicen que no hay que usar una cuchara metálica para revolverlas...

Las legumbres forman parte de la dieta básica en la mayoría de los países y cada uno arrastra consigo ciertas costumbres o usos a la hora de cocinarlas o comerlas. En el caso latino (muy común en Chile) se dice que no se deben revolver los guisos de legumbre con cuchara metálica, pues las deja duras. La verdad es que nadie ha investigado esto, pero si el problema fuera el metal, nadie

Frijoles con cocción únicamente en agua. Se utilizó agua dura de 550 ppm. Sus pieles se ven menos dañadas debido a que los minerales la refuerzan. La cocción tomó 50 minutos.

Frijoles con cocción en agua blanda de 50 ppm. Sus pieles se ven debilitadas debido a la escasez de minerales en el agua. La cocción tomó 40 minutos.

cocinaría lentejas en ollas de ese material, puesto que causarían el mismo efecto. Es frecuente el uso de cacerolas de aluminio, hierro o acero, y no hay evidencia de que influya de manera significativa en la consistencia de la legumbre, solo pueden influir en los tiempos de cocción debido a la conductividad térmica de cada metal. He realizado algunos experimentos dejando cucharas (de aluminio y de acero) al interior durante toda la cocción y el resultado es un plato de legumbres tiernas.

» Y si están añejas, ¿cómo influye en la cocción?

El formato de compra más común son las legumbres secas, ya que tienen una excelente vida útil y mantienen nutridas las despensas de las cocinas. Al momento de cosecharlas en fresco, se ejecuta el secado de estas ya sea al sol o por corrientes de aire forzado, por ese motivo quedan con una estructura muy firme. Durante ese proceso pierden humedad, por lo que al momento de cocinarlas debemos añadir bastante agua para que se rehidraten. Esta es la razón por la que se culpa a su edad "son viejas, están añejas", cuando quedan resistentes, aludiendo a que tienen demasiado tiempo de almacenado. Olvidan que mientras más tiempo tengan en la despensa, más porcentaje de humedad pierden, y sus redes de celulosa se vuelven más firmes. Lo que necesitan, entonces, es más hidratación, por tanto, más tiempo de cocción.

» El agua, entonces, es el factor determinante para que queden tiernas...

Exacto. No hay que olvidar que este líquido es el ingrediente más común en las cocinas. Su composición de hidrógeno y oxígeno,

Frijoles con cocción en agua dura 550 ppm + bicarbonato. Sus pieles están muy debilitadas ya que son producto del bicarbonato. La cocción tomó 30 minutos.

esenciales para la hidratación y gelatinización, viene acompañada además de diversos minerales disueltos, principalmente sales de calcio y magnesio. Según el lugar de origen, el agua tendrá más o menos minerales disueltos, indicadores que se miden en ppm (partes por millón). Los componentes dominantes dentro de esas son el carbonato de calcio ($CaCO_3$) más conocido como el "sarro", y sales de magnesio. Veamos la clasificación:

1. **Agua dura**: posee sobre 120 ppm
2. **Agua blanda**: posee bajo los 120 ppm

¿Por qué esto influye? Durante la cocción, si usamos agua dura, el calcio y magnesio se unen a la red de pectinas y celulosas, primero endurecen un poco la piel de las legumbres, luego logran una mayor resistencia reforzando las paredes celulares. Eso dificulta que las legumbres absorban agua y logren una adecuada gelatinización, por lo que, en estos casos, la cocción dura más tiempo o algunas partes quedan con textura más firme. Si se usa agua blanda, en cambio, la absorción y gelatinización durante la cocción es más eficiente, pues carece de estas sales minerales.

» ¿El agua dura retrasa la cocción?

Así es. En aguas sobre 120 ppm la cocción puede tomar más tiempo. Aunque no existe una tabla comparativa entre ppm y minutos extras, en el caso de Chile, por ejemplo, las aguas en zonas montañosas tienen muchos más minerales, en el norte sobre todo, logrando un promedio de 450-500 ppm. Esto se clasifica como agua muy dura y afecta notablemente la cocción de frijoles y garbanzos, que puede llegar a tardar alrededor de cuatro

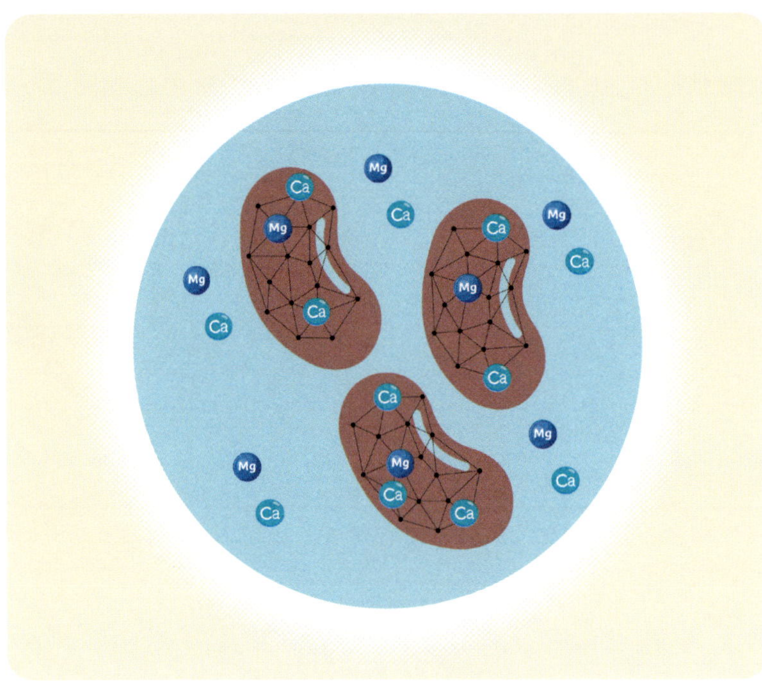

Cocción agua dura: los minerales disueltos en el agua entran en contacto con las redes de pectina y celulosa de las legumbres, lo que refuerza estas redes. Debido a esto toma más tiempo de cocción o quedan más firmes después de ella. Cabe destacar que las celulosas y pectinas ya poseen calcio y magnesio en su composición, por lo que añadir más minerales a través del agua refuerza la estructura.

horas. A pesar del tiempo, quedan con una textura firme y poco agradable.

» ¿Cómo se puede resolver el problema?

Necesitamos conseguir que el producto quede tierno. Tenemos las siguientes opciones:

• **Usar agua embotellada:** este tipo de agua, considerada blanda, está sometida a tratamientos que reducen notoriamente la presencia de minerales, entre 20 a 100 ppm. No hay que confundir con agua purificada, lo que se refiere a que está libre de impurezas y otras sustancias, pero mantiene los minerales, por lo que se considera agua dura purificada.

• **Cocción a presión:** se recomienda el uso de ollas de presión que reducen a menos de la mitad los tiempos de cocción. En el caso de las legumbres, aun utilizando agua dura, pueden quedar tiernas gracias a las altas temperaturas que se logran (casi 120 °C), suficientes para debilitar los sacáridos firmes.

• **Añadir bicarbonato de sodio:** al emplear este aditivo, se ablandan fácilmente las legumbres y se reduce su tiempo de cocción, debido a que el bicarbonato es alcalino. Durante la cocción "ataca" la celulosa y las pectinas, rompiendo sus moléculas en componentes más pequeños e hidrosolubles, lo que permite acelerar la hidratación y gelatinización.

» Interesante lo del bicarbonato...

Es un elemento con propiedades interesantes (por eso siempre está en mi despensa). En zonas donde hay agua dura es un valioso aliado a la hora de cocinar. Se recomienda agregar al inicio de la cocción, directamente al agua fría. Se calculan 3 gr (3/4 de cucharadita) de bicarbonato por cada 500 gr (3 tazas) de legumbre. Podemos aumentar un poco la cantidad si sabemos que el agua es muy dura (sobre 500 ppm). La dosis debe ser adecuada para evitar dejar un sabor residual amargo o jabonoso. También hay que vigilar los tiempos de cocción. En una olla normal con la adición de bicarbonato, tomará entre 35 a 40 minutos la cocción de los frijoles, 50 a 60 la de los garbanzos y 15 a 20 minutos la de las lentejas. Es importante ir probando hasta lograr el punto deseado y evitar que se deshagan.

» ¡Qué buenos datos!

Para eso está la ciencia, en la rama de la gastronomía científica. Aportamos datos y explicaciones que permitan reducir los tiempos de cocción y el ahorro de recursos.

» ¿Algún consejo más?

Si la curiosidad es lo tuyo, puedes adquirir un medidor de ppm para conocer el nivel de minerales en tu agua, con el fin de tomar las mejores decisiones al cocinar legumbres. También recomiendo remojar las legumbres para reducir los tiempos de cocción.

4.2

¿Cómo lograr cebollas caramelizadas?

La cebolla es uno de los vegetales más usados en la cocina, sobre todo en sofritos y en *mirepoix*. Aunque hay una receta en la que se roba todo el protagonismo: las cebollas caramelizadas. Hay muchas maneras de realizarlas y las técnicas varían según el cocinero, pero desde la primera vez que las realicé, me he cuestionado su nombre y su rigor técnico. ¿Son realmente cebollas caramelizadas?

» Hay muchas cosas que son caramelizadas...

La palabra la asociamos a la confitería, como también a productos bañados en caramelo. En el caso de la cocina salada surgen muchas elaboraciones, pero el vocablo caramelizado es algo discutible.

» ¿Y por qué cuestionas el nombre?

Definiciones técnicas. La caramelización se refiere al dorado de azúcares, y si bien hay azúcares presentes en la cebolla, también hay proteínas y aminoácidos. Cuando estos se unen mediante la acción de calor, obtenemos una glicación o reacción de Maillard. Esto va más allá de añadir o no azúcar extra a la receta.

» ¿Cómo se deberían llamar entonces?

No se trata de rebautizarlas como cebollas "glicadas", "maillardizadas" o "pardeadas", pues no son nombres atractivos. ¿Quizá podríamos usar las palabras "estofadas" o "doradas"? De lo que se trata es de comunicar correctamente lo que estamos cocinando u ofreciendo.

» ¿Quién decide el nombre?

Los nombres de las grandes recetas están documentados en libros. Las cebollas caramelizadas existen desde hace décadas y es común encontrar esta denominación en varios idiomas. Suele ser el cocinero quien bautiza, pero cuando la ciencia entra al terreno culinario, puede cuestionar ciertos nombres por no representar correctamente los conceptos. Cada disciplina tiene su lenguaje y vocabulario, que debe ser respetado. En la cocina es correcto llamarle "cebolla caramelizada", por tratarse de una receta tradicional, en la ciencia —en tanto— el nombre dependerá de la técnica.

» ¿Qué es la caramelización?

Se define como la oxidación o pardeamiento de azúcares en presencia de altas temperaturas. Esta acción permite obtener color dorado y agradables componentes de aroma y de sabor, que dependerán de los tiempos y grados en que los diferentes azúcares presentes en un alimento caramelizarán.

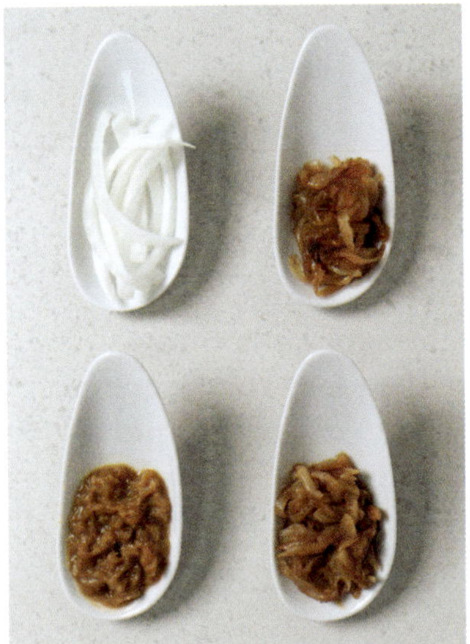

De izquierda a derecha y arriba hacia abajo: cebollas crudas, caramelizadas con azúcar, caramelizadas a presión y caramelizadas con agua.

En la glicación pasa algo parecido, pero por razones diferentes, pues la caramelización es por pirólisis y las glicaciones no.

Veamos:

- **Fructosa:** 105 – 110 °C
- **Galactosa:** 160 °C
- **Glucosa:** 150 – 160 °C
- **Lactosa:** 200 – 210 °C
- **Sacarosa:** 140 – 160 °C

La sacarosa es el azúcar común y la más utilizada como caramelizante de manera directa, es decir, que se añade a una receta para caramelizar la superficie.

» No entiendo la diferencia de caramelización y glicación...

La caramelización es muy diferente a las glicaciones o reacciones de Maillard, independiente de que ambas permitan llegar a resultados muy parecidos a la vista (tonos dorados) y en boca. Las glicaciones involucran aminoácidos, mientras que la caramelización es la descomposición de los azúcares a través del calor. En palabras sencillas, las glicaciones pueden ocurrir a más bajas temperaturas y, por ejemplo, si siguiera ese alimento sometido a temperaturas altas, sus azúcares caramelizarían por pirólisis, generando aromas más tostados, casi acre. Es algo que debemos controlar para evitar quemar la comida, ya que buscamos solo caramelizar.

» ¿En qué casos suceden ambas reacciones?

El dulce de leche es buen ejemplo, porque además de azúcar adicionada, tenemos los azúcares propios de la leche (lactosa, galactosa y glucosa) y las proteínas (caseína principalmente). Durante la cocción, todos estos componentes generan colores y sabores conocidos. Muchas recetas caramelizan primero el azúcar y luego añaden la leche o la crema que sufre glicación, para conseguir textura, aroma y color.

» O sea, muchas recetas o alimentos pueden pasar por ambos procesos...

En efecto, y la discusión radica en si solo practico una o ambas. Volvamos al caso de las cebollas para entenderlo mejor. Si analizamos los componentes de la cebolla, por cada 100 gramos de producto (las cantidades pueden variar según estación o variedad del vegetal) tiene:

- **Agua:** 89 %
- **Proteínas:** 1.1 gr
- **Azúcares:** 4.2 gr

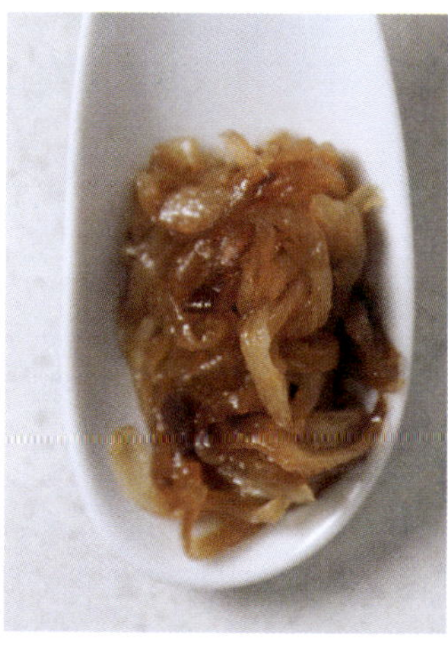

Las cebollas "caramelizadas" con azúcar añadida son las más comunes. Se sofríe primero la cebolla y después se añade azúcar a gusto. Se continúa la cocción hasta el punto deseado. Deja diversos colores pardos debido a las diferentes zonas de glicación y caramelización obtenidas.

Para obtener un color parejo sin añadir azúcar, las cebollas cortadas se cubren de agua y se dejan en cocción hasta que evapore el agua. Esto diluye los azúcares en el líquido, quedando en la superficie. Se debe revolver constantemente para lograr una glicación más pareja.

Hacerlas a presión es la técnica recomendada por ser la más fiel a las definiciones técnicas de caramelización. Posee un color parejo, textura más tierna y sabor incrementado.

Al tener más azúcares que proteínas, la caramelización sería posible. El problema radica en que al ser sometidas al calor reaccionan primero las proteínas con sus aminoácidos, que interactúan con estos azúcares para formar las glicaciones. De estos azúcares, encontramos principalmente los siguientes:

- **Glucosa**
- **Fructosa**
- **Sacarosa**

Necesitaríamos altas temperaturas para lograr esta reacción, sobre todo en el caso de la glucosa. Pero, además, la fructosa requiere 105 °C o más grados para iniciar su caramelización. Por otra parte, el alto porcentaje de agua presente en la cebolla dificulta la caramelización, lo que exige evaporar mayor cantidad de agua antes de arrancar un proceso que busque caramelizar.

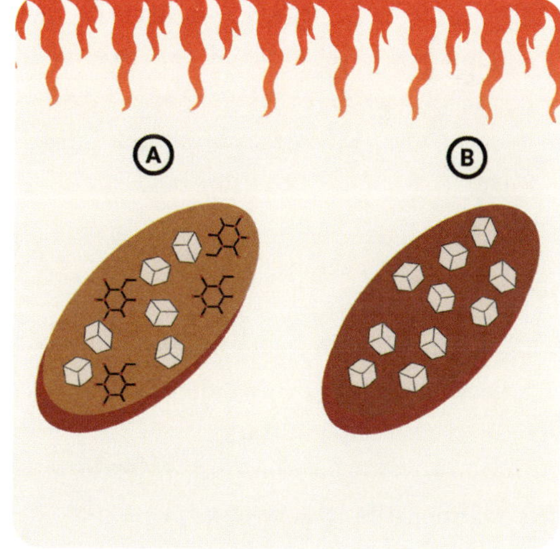

Glicación y caramelización: una manera de diferenciar la glicación/reacción de Maillard de la caramelización es que en las glicaciones (A) tendremos azúcares con aminoácidos reaccionando gracias al calor presente. En cambio, en la caramelización (B) solo serán azúcares las que reaccionen con el calor. En ambos casos se generan colores, aromas y sabores propios de cada reacción.

» Análisis de recetas

Antes de abordar los contenidos para facilitar la comprensión de estos procesos, revisemos los siguientes conceptos:

- **Grado de cocción:** hay quienes prefieren las cebollas más firmes, otros de nivel intermedio o bien tiernas. Aquí radica cuánta agua pierde durante la cocción, ya que mientras menos líquido haya, más color puede generar.
- **Temperatura aplicada:** a mayor calor, mayor color. Aquí la destreza es importante para lograr un buen dorado, pero si nos pasamos, se quemará y cambiará completamente la receta. Normalmente, se parte de temperatura suave y se va subiendo hasta obtener el color deseado.
- **Añadido de sal:** agregar sal, por ósmosis, permite que el alimento libere más agua. Si se añade al principio, habrá más líquido disponible, lo que dará como resultadouna cocción pareja, pero tomará más tiempo en lograr un dorado. Si no se añade al principio, se logra un color más rápido, pero quedará con menor cocción (al dente).

Con esa información de base, veamos los ejemplos de recetas:

1. **Solo aceite:** el resultado depende del tiempo y la temperatura.

2. **+ mantequilla:** gracias a sus proteínas extras logramos un color más intenso.

3. **+ azúcar:** la adición clásica, se recomienda añadir a las cebollas cuando tengan más cocción, así caramelizan en presencia de menos agua.

4. **+ caramelo:** también está la opción de hacer un caramelo previo y luego añadir cebollas ya con cocción, así el caramelo se disuelve en el agua propia del vegetal. Lo ideal es reducir un poco la preparación para obtener un sabor más concentrado.

5. **+ bicarbonato:** añadir este aditivo es beneficioso, ya que acelera la reacción de Maillard y de caramelización, así obtenemos más color en menos tiempo.

» ¿Cuál usas tú?

Busco lograr una caramelización sin la adición de azúcar (sacarosa) extra, en un método y temperatura donde podamos al menos caramelizar la fructosa de la cebolla, de esta manera obtener un sabor más puro. Mira esta receta. Necesitaremos una olla de presión y unos frascos de vidrio aptos para conserva:

- 500 g de cebolla cortada en pluma
- 1.5 g de bicarbonato de sodio
- 30 g de mantequilla
- Sal al gusto

Paso a paso:

- Sudar la cebolla con la mantequilla a fuego suave por unos 5 minutos. Queremos ablandarla un poco, sin dorar.

- Añade el bicarbonato, verás un color amarillo fosforescente. Es normal por reacción química. Mezcla.

- Coloca las cebollas en los frascos de vidrio, llénalos hasta el borde, no al tope.

- Tapa, pero no hermético, es decir, cierra el frasco y gira la tapa solo un poco (esto evita cualquier riesgo de rotura de frasco durante la cocción).

- Coloca los frascos dentro de la olla de presión, puedes colocar un trapo debajo de estos para evitar golpes.

- Vierte agua solo hasta que cubra 1/3 de los frascos.

- Tapa y cocina a fuego alto hasta que empiece el ruido característico de la presión en la olla.

- Una vez alcanzada la presión, baja a fuego medio y cocina por 40 minutos.

- Finalizado el tiempo, abre la olla con cuidado y deja enfriar los frascos sin retirar la tapa por 1 hora.

- Abre los frascos, filtra el líquido y deja por separado las cebollas.

- Vuelca el líquido en la sartén y ponlo a reducir al fuego. Debe quedar como un jarabe. Es mejor si usas un termómetro, para que alcance 105 °C (20 minutos).

- Mezcla el jarabe en caliente con las cebollas, agrega sal al gusto (la sal además elimina cualquier sabor alcalino del bicarbonato).

- Puedes volver a empacar en frascos y cerrar al vacío. Así duran bastante tiempo en el refrigerador.

» Fundamentos de la receta

La técnica de cebollas caramelizadas a presión permite una cocción muy homogénea y sabores potenciados. En la foto vemos un frasco recién salido de la olla de presión, tiene ebullición presente, aún después de seguir enfriándose. Se debe dejar reposar al menos 1 hora antes de abrir la tapa y continuar con los siguientes pasos.

Si bien requiere tiempo y procesos, el resultado merece la pena puesto que obtendrás cebollas intensas, con todos sus glutamatos concentrados (que potencian aún más su gusto). El resultado es similar a una mermelada y tiene una textura tierna. A estas cebollas podemos llamarlas caramelizadas porque:

- Aceleramos la caramelización gracias al bicarbonato.
- En la olla de presión logramos casi 120 °C internos, suficientes para caramelizar la fructosa.
- La presión expulsa el agua propia de la cebolla, donde más se concentran sus azúcares.
- En el paso final, evaporamos el exceso de agua y concentramos azúcares. Al alcanzar los 105 °C, habremos caramelizado la fructosa.
- Logramos la glicación, y principalmente la caramelización.

» ¡Muy interesante!

La idea es siempre respetar ambos conceptos, ciencia y cocina, con el fin de ser rigurosos con nuestros procesos y técnicas.

4.3

¿Cómo evitar la oxidación del aguacate?

La popularidad de este fruto ha llevado a desarrollar numerosas técnicas para sacar partido de sus cualidades. Sin embargo, evitar la oxidación ha sido un dolor de cabeza constante. Algunas formas aplicadas funcionan, pero otras carecen de fundamento.

» ¿Cuál es el culto alrededor del hueso del aguacate?

En Chile existe la costumbre, heredada por generaciones, de dejar el hueso sobre el aguacate molido o machacado para evitar su oxidación. Incluso algunos afirman que, poniendo la semilla en un vaso con agua al lado del aguacate, también reduce la oxidación. Es dudoso. Vamos a explicar desde la ciencia qué proceso causa el cambio de color de este increíble fruto.

» ¿Por qué se oxida?

El aguacate es un fruto rico en grasas. Al momento de cortar el fruto o romper la pulpa, se dañan las células vegetales y se libera una enzima llamada polifenol oxidasa, que cuando entra en contacto con el oxígeno reacciona con los fenoles de la fruta y los transforma en quinonas. Estos compuestos se polimerizan (es decir, se unen entre sí) y forman melanoidinas, cambiando la coloración de la pulpa a color pardo. A mayor contacto con el oxígeno se forman más melanoidinas, intensificando el color oscuro. Lo curioso es que el aguacate posee antioxidantes, como la luteína y la vitamina E, dos elementos que lo protegen y retrasan su oxidación.

Mientras más cortes sufra o más molido esté el aguacate, más dañamos sus paredes celulares, por ende, está más expuesto al oxígeno, liberando una mayor cantidad de polifenol oxidasa. Los antioxidantes del aguacate pueden soportar cierto número de formación de melanoidinas. Este fenómeno también ocurre en frutas como manzanas y plátanos.

» Entonces, ¿qué propiedad del hueso evita la oxidación?

El hueso posee un poco de aceite. Su estructura está compuesta principalmente de celulosa. Al colocarlo sobre el aguacate molido, solo protegerá la pequeña zona que cubre, evitándole entrar en contacto con el aire y retrasando su oxidación. El hueso no posee ninguna propiedad, por lo tanto, es un mito infundado, lo que funciona es otra cosa.

La oxidación del aguacate es normal, pero es totalmente evitable aplicando simples técnicas probadas por la ciencia. Mientras menos procesado esté (cantidad de cortes o molienda) más lenta será la oxidación. El aguacate de la derecha logró este color después de 3 horas a temperatura ambiente.

Al machacar o moler el fruto, su oxidación es más rápida. En este caso logró la oxidación después de 30 minutos a temperatura ambiente.

» ¡Cuéntanos!

En química existe la regla de Van't Hoff, que señala que cada 10 °C de temperatura ascendente, las reacciones químicas se activarán el doble de rápido, mientras que cada 10 °C de temperatura descendente, serán el doble de lentas. Si conservamos nuestro aguacate en frío a 5 °C, se oxidará mucho más lento que si lo dejamos a temperatura ambiente de 20 °C.

Otros métodos que evitan la oxidación son:

1. **Bajas temperaturas:** con base en el ejemplo anterior.

2. **Protección del oxígeno:** usar tapa, cierre hermético o cubrir el aguacate del oxígeno para impedir la reacción.

3. **Reducir el pH:** añadiendo elementos ácidos que bajan el pH e inhiben la enzima.

Considera también factores que influyen en la aceleración de la oxidación:

1. **Temperatura:** mientras más cálida sea, más rápido puede ocurrir.

2. **Nivel de procesado del aguacate:** si el fruto solo se parte a la mitad, dañamos menos la pulpa, por ende, hay menos probabilidad de oscurecimiento. Es el mismo caso si se corta con cuchillo en tajadas o trozos gruesos. Pero si se muele, esto acelera considerablemente la reacción.

3. **Variedad del fruto y madurez:** las variedades y la maduración del fruto influyen, pues se relacionan con la fragilidad de la pulpa.

El experimento se realizará usando la misma variedad de aguacates tipo Hass del mismo calibre y nivel de madurez. Serán cortados en tajadas y también machacados. Los primeros, ubicados arriba, serán dejados 1 hora a temperatura ambiente (25 °C) y los segundos, ubicados abajo, estarán 24 horas en frío (5 °C). Así compararemos sus niveles de oxidación. Esta primera muestra es el control, no contiene ningún añadido, y observamos sus resultados como referencia.

Verter un poco de jugo de limón en la superficie nos protege notablemente de la oxidación. Los ácidos disminuyen la emanación de polifenol oxidasa. Los resultados son mejores en frío (fila de arriba), ya que a temperatura ambiente no funciona tan bien después de un rato (fila de abajo). Debemos entender que su sabor se ve afectado por el limón dejando un gusto ácido.

Pintar la superficie con aceite vegetal entrega notables resultados, el aceite bloquea la acción del oxígeno. Protege bien pero igual puede oxidarse levemente, sobre todo en las zonas que están más expuestas, como las puntas. El aceite se cae por gravedad. No influye mucho en el sabor, si se trata de aceite neutro.

Colocar el hueso directamente sobre el fruto procesado es una de las costumbres comunes en los hogares. Esto solo protege lo que esté por debajo, sobre todo si está machacado. Pero se oxida al igual que si no tuviera nada extra.

Esta es otra de las costumbres típicas de los hogares (sobre todo en Chile), pero no influye sobre el producto. Se oxida igual a temperatura ambiente (fila de arriba), como en refrigeración (fila de abajo).

Colocar un papel húmedo sobre el producto procesado es una de mis técnicas preferidas para evitar la oxidación. El contacto del papel evita la acción del oxígeno y además mantiene hidratada la superficie. No altera el sabor y se comporta muy bien en ambos casos. En las fotos se retira el papel para ver el resultado.

» ¡Veamos experimentos! ¿Cuál es el mejor método para evitar la oxidación?

Depende. Haremos el siguiente experimento y para ello:

- Usaremos el mismo tipo de aguacate.
- Procesaremos el fruto cortándolo, machacándolo y partiéndolo a la mitad.
- Dejaremos en refrigeración y a temperatura ambiente.

De todos los métodos, usaremos:

- Sin nada
- Con hueso y hueso en agua
- Con aceite vegetal
- Con jugo de limón
- Con papel húmedo
- En envase hermético

Nos damos cuenta de que con aceite, limón y papel húmedo funciona muy bien, seguido del envase hermético y por último con el hueso. Confirmamos así que científicamente el hueso no tiene ninguna incidencia en la oxidación del aguacate.

» Ya aprendí que hay que descartar el hueso...

La ciencia no busca romper con las tradiciones. Si alguien está cómodo con esta práctica, debe seguir haciéndolo, porque tiene que ver con hábitos aprendidos, no con técnicas probadas. Con todo, el mejor consejo es cortar el aguacate y comérselo al momento.

¿CÓMO EVITAR LA OXIDACIÓN DEL AGUACATE?

Tabla de resultados en experimento de oxidación:

Escala de evaluación: 1 a 10 | 1 = oxidación mínima no influyente | 10 = alta oxidación

Técnica utilizada en el aguacate	Laminado		Molido	
	T° Ambiente 25°C / 1 hora	Refrigeración 5°C / 24 horas	T° Ambiente 25°C / 1 hora	Refrigeración 5°C / 24 horas
	Nivel de oxidación	Nivel de oxidación	Nivel de oxidación	Nivel de oxidación
Neutra 1	1	2	5	8
Con limón	2	1	3	2
Con aceite	2	3	5	7
Con hueso	1	2	5	8
Hueso en agua	1	2	5	8
Con papel	1	2	2	1

4.4

¿Cuándo añadir sal a los frijoles?

¿Cuánto influye la sal en la textura de los frijoles al momento de cocinarlos? Si la incorporo al principio, a la mitad o al final del guiso, ¿varía el resultado?

Analizaremos qué influye en la rotura de la piel del frijol, qué reacciones ocurren y cómo evitarlo.

» Cuando cocino frijoles, siempre me queda una sopa espesa… ¿por qué?

La piel está formada por pectinas que determinan la resistencia de la legumbre, mientras protege su interior. Si durante la cocción se rompe la piel, muchos de los almidones escaparán al líquido de cocción, dando como resultado un caldo más consistente y cremoso. Por el contrario, si esto no ocurre, menos almidón escapará y tendremos un líquido poco espeso, además de un frijol con su piel intacta que, al momento de masticar, hará explotar en boca toda esa consistencia cremosa. Esto último es importante si lo que buscamos en la receta es mantener intacta la forma de la legumbre para usarla en ensaladas y salteados.

» ¿Qué sucede durante el remojo?

Se hidratan almidones, proteínas y otros componentes que hacen que la legumbre los absorba y aumente su tamaño el doble en peso y volumen.

» ¿Por qué se deben remojar?

Existen dos motivos principales:

1. **Hace más eficiente la cocción**: al hidratarse, la gelatinización de los almidones concentrados al interior del frijol ocurre de forma más rápida, permitiendo que el calor se distribuya ágilmente. La cocción será sobre un 20 a 40 % más rápida.

2. **Disminuye la probabilidad de gases**: las legumbres tienen pectinas y oligosacáridos, compuestos importantes para los microorganismos que viven al interior de nuestro aparato digestivo, pero que resultan indigestos. Ellos son los responsables de los gases asociados a la ingesta de legumbres. Durante el remojo se disuelven algunos de estos componentes (por eso muchos descartan esa agua), reduciendo la sensación de pesadez. Sin embargo, no es infalible.

El beneficio de remojar previamente las legumbres es hacer más eficiente su cocción, aquí notamos que aumentan un poco más del doble. El primer frasco tiene 500 g de frijoles y el segundo contiene 500 g de frijoles después de 12 horas de hidratación.

» ¿Influye el tiempo de remojo? A veces me olvido...

Obviamente, me respondí a mí mismo mediante un experimento. Es mejor dejarlos toda la noche hasta el día siguiente, por un tema de orden mental y de cocina. Hay personas que lo olvidan, y resuelven el asunto remojándolos poco tiempo en agua hirviendo o caliente o dándoles un primer hervor, para luego continuar con la cocción. Todos estos procesos buscan acelerar la hidratación. Si no se remojan, terminan cociéndose igual, aunque en mayor tiempo. Por ende, el remojo no es obligatorio, aunque sí recomendado.

» Es un tema de texturas...

Como hemos dicho en este libro, todos tenemos gustos diferentes y las técnicas aplicadas alterarán considerablemente los resultados. Del capítulo anterior aprendimos cómo el tipo de agua determina tiempos de cocción y texturas. Desde ese punto de partida, analizaremos cómo si se añade sal o no durante el remojo podemos obtener efectos diferentes.

» ¿Añadir sal?

Si añadimos sal durante la fase de remojo, lograremos que las pieles queden con una mejor resistencia, evitando que se rompan durante la cocción. Se trata de la técnica de remojo en salmuera suave.

» He escuchado que agregar sal en la cocción los deja más duros...

Es otra de esas precisiones culinarias que se discuten. La sal retrasa la absorción del agua durante la cocción, pero muy poco, dejándolas tiernas. Vamos a experimentar analizando cómo influye la sal añadida durante el remojo y durante la cocción.

Para esto, probaremos resultados en estos cuatro supuestos:

Frijoles remojados en agua con sal y cocción con sal. Notamos que sus pieles están completas y que tienen una textura muy tierna. Tiempo de cocción: 45 minutos.

Frijoles remojados en agua con sal y cocción sin sal. Algunas de sus pieles revientan. En general tenemos un 80 % de frijoles sin piel dañada. Tiempo de cocción: 55 minutos.

Frijoles remojados en agua sin sal y cocción con sal. Hay más pieles que revientan. En general un 70 % de frijoles sin piel dañada. Tiempo de cocción: 75 minutos.

Frijoles remojados en agua sin sal y cocción sin sal. Tenemos un mayor número de pieles reventadas. Entre un 50 y 60 % sin piel dañada. Tiempo de cocción: 75 minutos.

1. Remojo con sal y cocción con sal
2. Remojo con sal y cocción sin sal
3. Remojo sin sal y cocción con sal
4. Remojo sin sal y cocción sin sal

- Cada tanda usará 500 g de frijoles secos.
- Se usará agua blanda de 50 ppm en todos los casos.
- Se remojarán en agua, utilizando 3 veces su peso (1.5 l).
- Para los remojos con sal, se añadirá en proporción al 1 % del peso del agua (1.5 l = 15 g de sal).
- Todos los remojos serán por 24 horas.
- Se filtrarán y cocinarán en agua nueva.
- Para los remojos en sal, se enjuagarán una vez más al ser filtrados.
- Se procederá a hacer la cocción añadiendo dos litros de agua.
- Para la sazón con sal, se añaden 5 g (0.25 % en relación con 2 l de agua).
- Se medirán los tiempos de cocción hasta que la legumbre esté tierna.

→

» ¡Genial! ¿Por qué estas diferencias?

Las pieles están formadas por pectinas y otras fibras, y en su composición hay magnesio y calcio que determinan la dureza (al igual que el agua dura). Durante el remojo, el sodio de la sal desplaza las pectinas y las reemplaza, ablandando las pieles y otorgando más elasticidad. Gracias a esta flexibilidad adquirida durante el remojo y la cocción, la piel resiste la gelatinización y el aumento de volumen, lo que permite que se mantenga resistente pero suave a la vez. Para que esto sea efectivo, el remojo debe ser de al menos de 12 a 24 horas. Cuando los frijoles no se remojan con sal, las pieles serán menos flexibles; por eso durante la hinchazón de almidones las romperá y despedirán más gel al exterior.

» ¿No queda más salado?

No, durante el remojo es poca la cantidad de sal que penetra al interior de la legumbre, concentrándose en la piel. Por eso, se recomienda dar un enjuague en agua fría después del remojo, para remover los restos de sal de la superficie de la legumbre. Más o menos, encontraremos 52 mg de sodio por cada 100 g de frijoles remojados en salmuera suave.

» Apuesto a que se consiguen más efectos...

¡Estás poniendo atención! Bien. Con este proceso aceleramos un poco la cocción. Durante el remojo con sal, el sodio presente desplaza al magnesio y al calcio de las pectinas de la piel, por lo que se disuelven más fácilmente y así la cocción será un poco más rápida. Hay que recordar que los tiempos de cocción se deben vigilar, para evitar obtener algo excesivamente blando, ya que esta técnica, sumada al remojo en salmuera, resta entre 5 a 10 minutos de cocción.

» ¿Se podría aplicar a otras legumbres?

Así es, siempre y cuando sean legumbres con piel, como lentejas, soya, frijoles. Para los garbanzos, es ideal usarlos con piel, pero es más común encontrarlos sin su cubierta. Estos experimentos permiten apreciar el abanico de opciones que tenemos a la hora de cocinar, y entender cómo un elemento tan cotidiano como la sal puede ayudarnos a mejorar los resultados en la cocina.

¿CUÁNDO AÑADIR SAL A LOS FRIJOLES?

Tabla de resultados con experimento de tiempos de cocción

Remojo	Cocción	Tiempo de cocción
Con sal	Con sal	45 minutos
Con sal	Sin sal	55 minutos
Sin sal	Con sal	75 minutos
Sin sal	Sin sal	75 minutos

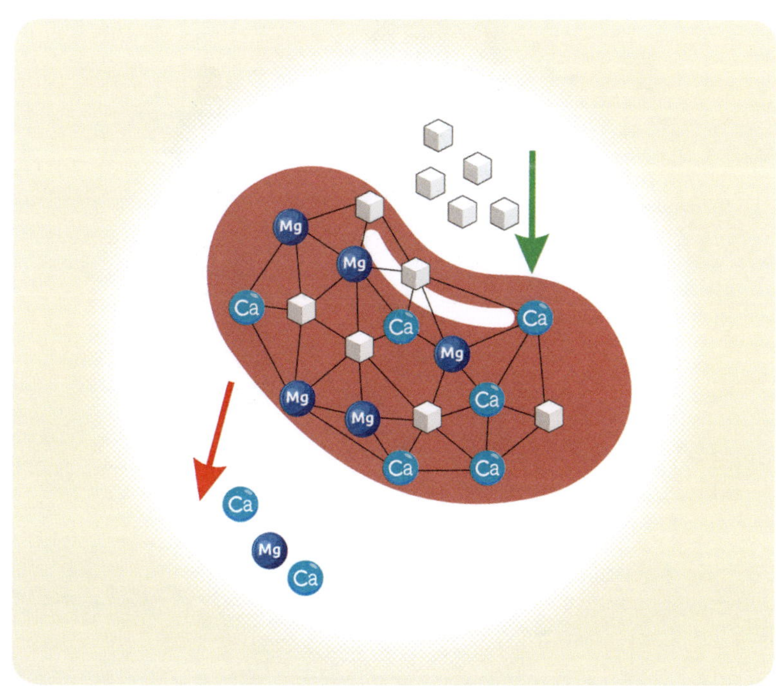

Al añadir sal durante el remojo o la cocción, los iones desplazan al calcio y al magnesio y ocupan su lugar. De esa manera las pectinas y celulosas de las pieles serán más débiles o flexibles, permitiendo cocciones más eficientes.

4.5

Vegetales, cambios de textura y color en cocción

El mundo vegetal siempre nos sorprende con su variedad y ya hemos asumido que mientras más colores tiene un plato, mejor estás comiendo. Crudos, hervidos, asados y salteados, los vegetales y hortalizas siempre serán una buena opción. Los cambios de color que sufren los alimentos son reacciones fisicoquímicas que, si las conocemos y entendemos, nos permitirán tomar las mejores decisiones a la hora de cocinar nuestros vegetales.

Una agradable composición de pigmentos vegetales y sus diferentes reacciones.

» ¿Todos pueden cambiar de color?

Efectivamente. Veremos ejemplos donde los cambios son radicales, mientras que otros solo modifican su intensidad, pasando de más brillante a opaco. Para comprender mejor estas reacciones, analicemos factores que influyen en la transformación de los vegetales:

- **pH**: siempre presente. Dependiendo de cuán ácido o alcalino sea el medio de cocción, obtendremos diferentes colores y cambios en la textura.
- **Tipo de agua**: aguas de diferente pH, como también aguas duras y blandas, tendrán influencia en los tiempos de cocción.
- **Material de cocción**: el tipo de material, sobre todo los metales, puede modificar notoriamente el resultado de color.
- **Tiempos de cocción**: dependiendo de cuánto tiempo apliquemos una cocción, la intensidad de color cambia. A exceso de cocción, menos color.

Estos factores influirán de manera diferente, dependiendo del tipo de color natural que tenga la fruta o verdura.

Me imagino que podemos clasificarlo

Sí, y para efectos de este capítulo nos enfocaremos en los más comunes del mundo vegetal: carotenos, antocianinas y clorofilas. Para cada caso usaremos los siguientes datos y propiedades:

1. **Dónde se encuentran**: en qué frutas y verduras destaca ese pigmento.
2. **Solubilidad**: cuando se cocinan, tiñen el agua o grasa de cocción, ya que sus componentes pueden ser hidrosolubles o liposolubles. Este conocimiento nos puede guiar para escoger el mejor método de cocción.
3. **Resistencia en la cocción**: asociado a tiempos cortos o prolongados.
4. **pH ácidos:** analizamos sus reacciones en medios ácidos. Lo más común es añadir jugo de limón o vinagre al agua de cocción o directamente sobre el vegetal.
5. **pH alcalinos**: cómo son sus reacciones en medios alcalinos. Lo más común es añadir bicarbonato de sodio al agua de cocción.
6. **Reacción con metales:** ciertos recipientes, cacerolas y sartenes pueden cambiar el tono de los vegetales debido a la reacción entre los pigmentos y el metal. Para que esto suceda, debe haber contacto directo con la superficie metálica.
7. **Recomendaciones de cocción**: un resumen que sintetiza el mejor método de cocción sugerido para obtener las mejores características de las verduras. En todos los casos se sugerirá agua muy caliente en ebullición constante (sobre 90° C). Si el pigmento no se ve afectado por pH, se presentará como agua neutra (pH de 7).

Carotenos

Pigmentos vegetales de color naranja, también con tonos rojizos y amarillos. Es muy resistente a la cocción, porque sus tonos varían un poco.

- **Dónde se encuentran**: zanahorias, calabazas de Castilla, papas dulces o camotes, naranjas, pimiento morrón.
- **Solubilidad**: son muy liposolubles, por eso es bueno cocinarlos con un poco de aceite o mantequilla, ya que dará más intensidad al vegetal. Su hidrosolubilidad es media baja, requiriendo más tiempo de cocción. El agua de cocción se mantiene traslúcida.
- **Resistencia de cocción**: resisten largos periodos de cocción sin que afecte a sus colores. Las texturas pueden variar.
- **pH ácidos:** no se ve afectado de manera positiva o negativa en aguas ácidas.
- **pH alcalinos:** no se ven afectados de manera positiva o negativa en aguas alcalinas.
- **Reacción con metales:** puede estar en contacto con todo metal apto para cocinar.
- **Recomendaciones de cocción**: utilizar agua neutra, es ideal saltear en mantequilla o en aceite para finalizar.

pH Ácido	pH Neutro	pH Alcalino

Zanahoria en agua ácida, no hay cambios de color notorios. Textura: firme.	Zanahoria en agua neutra, no hay cambios de color notorios. Textura: tierna.	Zanahoria en agua alcalina, no hay cambios de color notorios. Textura: muy tierna.

Calabaza de Castilla en agua ácida, no hay cambios de color notorios. Textura: firme-tierna.	Calabaza de Castilla en agua neutra, no hay cambios de color notorios. Textura: tierna.	Calabaza de Castilla en agua alcalina, no hay cambios de color notorios. Textura: muy tierna.
pH Ácido	pH Neutro	pH Alcalino

Antocianinas

Pigmentos vegetales de color violeta, azul, magenta o rosado. Es uno de los más atractivos visualmente. Resiste largos periodos de cocción.

- **Dónde se encuentran:** betabel, repollo col morada, uva, cebolla morada, berenjena.

- **Solubilidad:** muy hidrosolubles, prácticamente al tocar el agua dejan su color, por ese motivo ensucian con facilidad la piel, ropas y todo alimento que toquen. Su liposolubilidad es media baja, en muchos casos puede teñir los aceites en presencia de calor.

- **Resistencia de cocción:** pueden resistir largos periodos de cocción sin que afecten a sus colores. Las texturas pueden variar.

- **pH ácidos:** es positivo, al verter sustancias ácidas directo al vegetal o al agua de cocción pueden generar tonos más intensos y brillantes. Esta reacción es un fijador de color, funciona muy bien para los betabeles.

- **pH alcalinos:** afecta negativamente, si hay presencia alcalina en el agua de cocción los colores cambiarán a tonos verdes, azules o amarillos.

- **Reacción con metales:** puede afectar en la cocción. Si se usan fuentes o utensilios de aluminio o hierro y están en contacto prolongado, los colores pueden variar y tornarse rojo, pálido, gris, verde azulado o café. El mejor ejemplo es el tono verde que puede adquirir la cebolla morada. Se puede disminuir al utilizar materia grasa.

- **Recomendaciones de cocción:** agua ácida, cocción en recipientes de acero, de vidrio o esmaltados. Si se emplea hierro o aluminio, un poco de materia grasa y elementos ácidos pueden ayudar a disminuir los cambios bruscos.

pH Ácido	pH Neutro	pH Alcalino

Col morada en agua ácida, color más intenso. Textura: firme.	Col morada en agua neutra, no hay cambios de color notorios. Textura: firme-tierna.	Col morada en agua alcalina, color menos intenso, como azulado. Textura: tierna.

Betabel en agua ácida, color más intenso. Textura: firme-tierna.	Betabel en agua neutra, no hay cambios de color notorios. Textura: tierna.	Betabel en agua alcalina, color menos intenso, casi terroso. Textura: tierna.

pH Ácido pH Neutro pH Alcalino

Clorofilas

Pigmentos vegetales color verde claro u oscuro. Es el más reconocido y, a su vez, uno de los más delicados por sus fuertes cambios de coloración durante la cocción.

- **Dónde se encuentran**: lechuga, brócoli, perejil, espárragos, chícharo, hierbas frescas.

- **Solubilidad**: poco hidrosoluble, aunque es común que el agua de cocción quede verde, no es tan intenso como en las antocianinas. Si se aplica más tiempo de cocción, será más hidrosoluble y perderá su color. Su liposolubilidad es baja.

- **Resistencia de cocción**: es un pigmento delicado, por lo que cocciones prolongadas terminan por disminuir los tonos verdes, quedando en amarillos o café llamado feofitinas. A mayor cocción adquiere tonalidades grises. Requiere cocciones rápidas en tiempos cortos.

- **pH ácidos**: afecta negativamente. Las aguas ácidas o con sustancias acidificantes harán que lo verde se transforme en verde musgo, amarillo o café.

- **pH alcalinos**: puede ser positivo, ya que lo alcalino intensifica los verdes haciéndolos más brillantes. Eso sí, acelera los tiempos de cocción y esto puede provocar que pierdan su textura firme.

- **Reacción con metales**: en contacto con metales comunes no se ve afectado, pero si se cocina en un recipiente de cobre, los iones presentes refuerzan los componentes de color y quedará muy verde. Un exceso de cobre puede ser tóxico, por ese motivo, se debe usar con precaución. El zinc puede generar el mismo efecto, aunque es poco común en la cocina.

- **Recomendaciones de cocción**: agua neutra o levemente alcalina, cocinar lo menos posible. Si se asan u hornean, utilizar materias grasas y aliñar con ácidos si se desea, pero en el último momento, igual caso en las ensaladas.

pH Ácido	pH Neutro	pH Alcalino

Brócoli en agua ácida, tonos amarillentos. Textura: firme-tierna.	Brócoli en agua neutra, no hay cambios de color notorios. Textura: tierna.	Brócoli en agua alcalina, color levemente más intenso. Textura: tierna.

Ejotes verdes en agua ácida, tonos amarillentos casi beige. Textura: firme-tierna.	Ejotes verdes en agua neutra, no hay cambios de color notorios. Textura: firme-tierna.	Ejotes en agua alcalina, color levemente más intenso. Textura: tierna.

pH Ácido pH Neutro pH Alcalino

» ¡A experimentar!

Se cocinarán los siguientes ejemplos:

- Clorofilas: brócoli y ejotes
- Antocianinas: betabel y col morada
- Carotenos: zanahorias y calabaza de Castilla
- Cada vegetal se cocinará en
  - Agua neutra (pH 7)
  - Agua + vinagre de vino blanco (pH 4.0)
  - Agua + bicarbonato de sodio (pH 7.8)

Cantidades para añadir en ácidos y alcalinos

Después de ver los resultados, si queremos preservar o intensificar los colores, según el tipo de agua (dura o blanda) necesitaremos:

- **Agua ácida para cocción:** 10 g de vinagre o jugo de limón por litro de agua.

- **Agua alcalina para cocción:** 1 g de bicarbonato de sodio por litro de agua.

El tipo de agua afecta positiva o negativamente en las cocciones. Veamos:

- **Agua dura:** la presencia de calcio ayuda a reforzar las paredes celulares, por lo que las texturas de los vegetales serán más firmes.

- **Agua ácida:** con la adición de sustancias acidificantes, se logra un efecto similar al agua dura, manteniendo la firmeza.

- **Agua blanda:** al ser baja en minerales, permite ablandar más rápido las paredes celulares y las pectinas, por lo que su cocción requiere menos tiempo.

- **Agua alcalina:** similar efecto al agua blanda, solo que esta acelera aún más la cocción, se deben cuidar los tiempos para evitar texturas muy blandas.

Considera estas opciones a la hora de decidir cómo cocinar tus vegetales. Respeta los tiempos de cocción, evitando que sean muy prolongados.

» He leído que la sal puede influir en la cocción...

Además de dar sabor e intensificar las notas propias de los vegetales, la sal acelera las cocciones, puesto que los iones de sodio de la sal ayudan a desplazar los iones de calcio de las celulosas y las hemicelulosas vegetales, por ende, se debilitan antes y será más eficiente y ágil su cocción. Cabe destacar que se puede añadir a todo tipo de agua. La dosis recomendada es 10 g por litro de agua, puede ser menos, pero hay que evitar añadir de más, ya que los vegetales se ablandarían en exceso.

» ¿Y por qué queda de color más intenso cuando se enfrían rápidamente?

Enfriar los vegetales en agua helada es muy beneficioso, sobre todo para fijar las clorofilas. Esta técnica se aplica cuando deseamos guardar los vegetales para consumirlos después. El shock térmico de agua hirviendo a agua muy fría intensifica el color debido a los pigmentos alojados en las paredes celulares. Con el calor, algunos escapan y otros permanecen, creando un espacio por donde se acumula aire y esto causa pérdida de calor. Al enfriar rápidamente, se cierra esta pared y empuja al aire, creando tonos más intensos en el vegetal.

» Consejos generales

- **Conocer el tipo de agua disponible:** te ayudará a prevenir efectos no deseados.

- **Cocción justa:** precisión para mantener buen color, textura y nutrición. Los tiempos varían según el tipo y el tamaño del vegetal.

- **Cantidad de agua justa:** mucha agua mantiene mejor el calor, pero también puede aumentar la disolución de componentes. Por el contrario, poca agua pierde rápidamente temperatura, disolviendo menos los componentes. Lo ideal es manejar una cantidad intermedia del líquido para tener eficiencia en las cocciones.

- **La sal opcional:** se puede omitir por decisión personal o por dietas reducidas en sodio, no es obligatorio en las cocciones.

- **Consumir inmediatamente o enfriar:** de no consumirse en el momento, enfría en abundante agua fría, seca y mantén refrigerado.

- **Añadir ácidos a último momento:** aplica a ensaladas, pero también a vegetales altos en clorofila para evitar cambios en sus tonos.

- **En asados, beneficiarse de las grasas:** además de sabor, el aceite puede proteger o hacer más lentas las reacciones con los metales o con las sustancias ácidas.

- **Un cambio de color no constituye pérdida nutricional:** la pérdida de color no significa que será menos nutritivo. El exceso de cocción sí afecta a la pérdida de nutrientes.

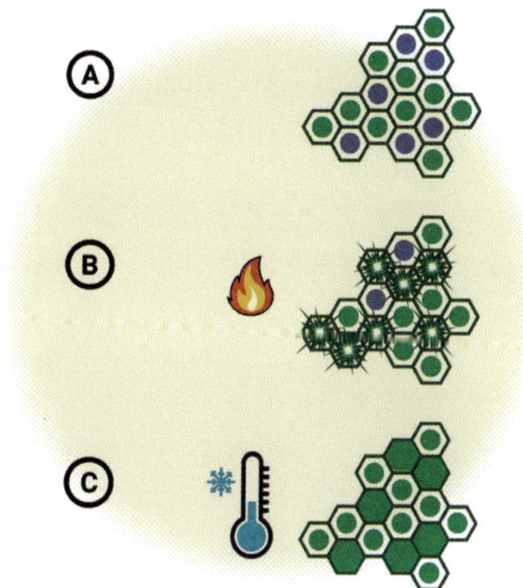

Si te has preguntado por qué quedan de color más intenso los vegetales después de blanquear y enfriar, esta ilustración lo explica. En las paredes celulares de los vegetales (A) se encuentran los pigmentos de color (puntos verdes) y el aire (puntos azules). Al momento de la cocción (B), el calor rompe parte de las paredes, los pigmentos y el aire pueden escapar. Por último, si aplicamos shock térmico con un baño de agua helada después de la cocción (C), cerramos las paredes celulares y atrapamos los pigmentos. Además, con la salida del aire evitamos que este vuelva, ya que le cerramos el paso, por eso el color queda visiblemente más intenso. Este es otro ejemplo de cómo podemos aplicar la teoría del panal de abejas.

4.6

¿Se pueden congelar frutas y verduras?

La conservación de los alimentos es una de las principales preocupaciones en la cocina, se haga de manera doméstica o profesional. Para prolongar la vida útil de frutas y verduras existen diversas técnicas, como la deshidratación, el encurtido o la conserva esterilizada, pero el más accesible, sencillo, popular y masivo es la congelación. Hay muchas preguntas sobre qué y cómo congelar alimentos. Aquí explicamos en detalle cómo congelar con seguridad.

» ¿Por qué congelar si es mejor consumir fresco?

Por supuesto que así debería ser, pero ¿cuántas veces tiramos comida descompuesta porque no la cocinamos a tiempo? Es importante reducir los desperdicios alimentarios y, si congelamos un producto en buen estado y lo descongelamos de forma óptima, seguiremos teniendo un buen producto.

» Me sorprende la poca vida útil que tienen los vegetales...

Están formados por millones de células, cada una con una función específica. Las células requieren combustible como agua y glucosa, al igual que oxígeno y otros gases para mantenerse vivas. Eso hace que duren tan poco una vez cosechados. Revisemos:

- **Alto contenido de agua**: el contenido de agua influye en su textura, tanto como en la proliferación de microorganismos. Las pieles de las hortalizas actúan como capa protectora, pero basta una pequeña fisura para que un festival de hongos y bacterias haga de las suyas.
- **Respiración de los vegetales**: aunque suene curioso, se aplica este término. Tras la cosecha, los vegetales respiran más y peor, emitiendo agua y dióxido de carbono, agotando sus reservas de recursos, es decir, degradándose más rápido.
- **Actividad enzimática**: diversos aminoácidos presentes en la estructura celular pueden acelerar ciertas reacciones, como más producción de etileno, oxidaciones, cambios de color o debilitación de sus paredes. Las enzimas son componentes que catalizan las reacciones, pero tras la cosecha ocurren igual. Por eso, las frutas y las verduras pierden o cambian sus tonos a colores menos atractivos, también se ablandan perdiendo su firmeza.
- **Producción de etileno**: los vegetales y especialmente las frutas, producen este gas conocido como "de maduración", lo cual puede acelerar el proceso. Es lo que les ocurre a manzanas y plátanos, que al madurar, comienzan a tener texturas más blandas por la mayor presencia de almidones y de celulosas degradadas, debido a la actividad enzimática. Aunque exis-

ten más, estas son las principales causas que inciden en el deterioro de frutas y verduras. El frío es un aliado poderoso para inhibir estas reacciones, alargando su vida útil.

» Entonces congelar se vuelve una buena herramienta...

Es un método cómodo, sencillo y rápido de usar. Congelar un alimento es como detener el tiempo. Si aplicamos bien las reglas y recomendaciones, alargaremos la vida útil de nuestros productos hasta seis meses.

» ¿Qué sucede al congelar un vegetal?

El frío reduce las reacciones orgánicas y químicas, aplicando la ya conocida regla de Van't Hoff. Te explico:

1. **Se solidifica el agua**: pasando de estado líquido a sólido y se endurece. Este estado reduce y detiene muchas de las reacciones químicas.
2. **Se detiene la respiración**: en un ambiente que carece de oxígeno, las células quedan inactivas, en estado de hibernación. De esa forma, el intercambio de gases es prácticamente nulo.
3. **Se detiene la emanación de etileno**: al no haber intercambio de oxígeno, no se produce. El estado de madurez queda en modo pausa.
4. **Se detiene la actividad de microorganismos**: hay bacterias y hongos que pueden morir por no tolerar la congelación, pero hay otros que sobreviven y permanecen congelados, como durmiendo en esta fría cámara. Una vez descongelados, pueden despertar y volver a la acción.

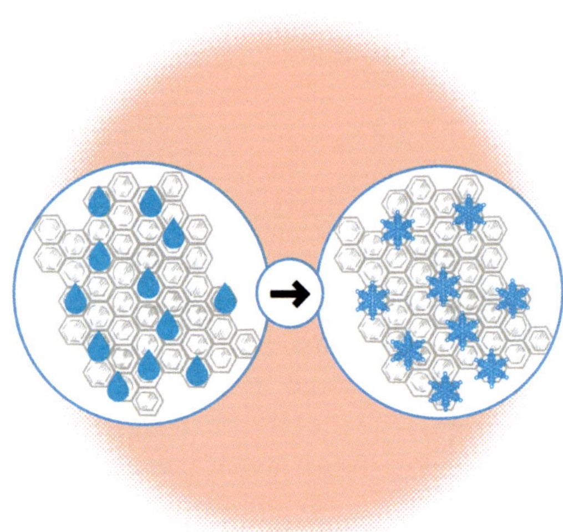

El agua presente en los alimentos (A) está retenida entre sus paredes celulares. Si los congelamos (B), el agua se endurece y generamos cristales, que debido a sus "puntas" pueden romper las paredes celulares. Esto debilita y, al momento de descongelar, se drena más agua, quedando un alimento más frágil.

5. **Se generan cristales de agua**: la congelación permite que se unan las moléculas de agua de manera ordenada, pero este nuevo orden ocupa más espacio. Por eso se expanden y crean esas puntas o formas de estrella, las que se conocen como macrocristales. Estos cristales dañan lentamente las membranas celulares y la estructura del vegetal, lo que se aprecia cuando el producto es descongelado. Por eso, en las cocinas profesionales se usan métodos de congelación ultrarrápidos como abatidores o nitrógeno líquido, con el fin de obtener microcristales que dañen poco o nada la estructura.

El equipo en el que congelaremos debe tener una temperatura de menos 18° C o inferior, a fin de mantener el producto en óptimas condiciones. Por consiguiente, conviene revisar, ordenar y limpiar nuestro congelador cada cierto tiempo, para asegurar un buen funcionamiento.

» ¿Cuáles son las limitaciones de la congelación?

- **No esteriliza:** hay quienes creen que la congelación mata a los microorganismos. Para esterilizar necesitamos más de 100 °C, y las agresivas temperaturas negativas solo congelan el agua reduciendo actividad de microorganismos, pero no los elimina. Algunos de estos menores y pequeños podrían morir, no obstante, la mayoría detiene su actividad y, tras la descongelación, se reactivan.
- **No mantiene una estructura firme:** las enzimas y cristales de agua debilitan, dañan o alteran la estructura interna de los productos. Sobre todo en frutas y verduras, notaremos cómo pierden mucha de su agua, adquiriendo una textura flácida.
- **No detiene la actividad enzimática:** esta es la razón que explica por qué nuestras frutas y verduras, aun congeladas, con el paso del tiempo se oxidan y sufren alteraciones de aroma, color y sabor.

» Entonces, ¿cómo podemos evitar la oxidación?

Para detener la actividad enzimática existen técnicas muy conocidas:

- **Blanqueado:** consiste en sumergir el vegetal crudo en agua hirviendo durante uno a tres minutos, para luego retirar y enfriar en abundante agua helada. Después se seca y listo. Gracias al calor, inactivamos muchas —o casi todas— las enzimas que causan degradación y oxidación. Esta técnica es muy conocida y la encontraremos en la mayoría de los vegetales congelados que compramos en el mercado. Se trata de vegetales precocidos que alargan la vida útil conservando las características organolépticas de los alimentos.
- **Cocción general:** el blanqueado es teóricamente precocción (influye tamaño y grosor del producto), pero podemos cocinar por más tiempo hasta lograr el punto deseado. Gracias a esto, inactivamos las enzimas y quedan prácticamente anuladas. Ojo con los productos altos en clorofila y el exceso de cocción. Si queremos fijar el color el tiempo debe ser el adecuado.

Los cambios de un brócoli que fue congelado por más de 7 días y luego descongelado durante un día en refrigeración son notorios. A la izquierda se observa un brócoli congelado sin previo tratamiento térmico, a la derecha el vegetal fue blanqueado, enfriado y congelado. Las características organolépticas son superiores.

Como verán, empezamos hablando de congelación y ahora hablamos de cocción. La técnica *Cook&Chill* es muy utilizada en el rubro gastronómico para conservar productos y aporta varios beneficios:

- **Detiene la actividad enzimática**
- **Reduce la presencia de microorganismos:** la mayoría habita en la superficie, por lo que el agua a 100 °C u otros métodos de cocción, eliminará a los hongos y a las bacterias.

Blanquear consiste en hervir abundante agua y aplicar cocción por breves minutos a los vegetales, no necesariamente cocinando en su totalidad. Posterior a la cocción se deben retirar y enfriar en agua helada. Con esta técnica se conservan más tiempo, sobre todo si se congelarán.

- **Reduce el contenido de agua:** el blanqueado y la cocción pueden reducir el agua de un producto por medio de la evaporación. De esa manera, se limita el entorno propicio para la actividad de enzimas y microorganismos.

» ¡Vamos a congelar!

Recomendaré —como es de suponer— congelar los productos vegetales aplicándoles un tratamiento térmico previo, eso nos garantizará más seguridad. Usaremos de ejemplo los champiñones u hongos, estos son un producto con gran cantidad de agua, por lo que siempre será mejor saltear o aplicar un guiso rápido. De esta forma, al descongelar, quedarán con una textura similar, además de que preservaremos su sabor y mantendremos su color.

» Y, ¿qué alimentos sí podemos congelar en crudo?

Partamos de la base de que podemos congelar lo que queramos. Ahora, para que una vez descongelados queden bien, recomendamos lo siguiente:

- **Baja resistencia:** chabacano, espárrago, pepino, ejote, frutos rojos, berenjena, papa, pimiento, tomate, calabacita, lechuga, verduras de hoja y hierbas frescas en general.
- **Resistencia media:** brócoli, zanahoria, coliflor, manzana, pera, chícharo, perejil, apio, uva, calabazas o calabaza de Castilla, cebollas.
- **Alta resistencia:** betabel, col de Bruselas, rábano, nabo, aguacate.

Para los alimentos de baja y media resistencia se sugiere usarlos siempre en cocciones. Al descongelarlos tendrán una textura degradada por lo que en guisos esta se disimulará.

» ¿Cuál es el paso a paso para congelar correctamente?

He aquí los consejos para empezar bien este proceso:

- **Lavar y secar bien:** no queremos agua extra que entorpezca la conservación.
- **Cortar en trozos pequeños:** lo ideal es cortar antes, así, una vez descongelado, es más fácil de ocupar. No es muy agradable cortar una cebolla descongelada (y puede ser riesgoso), por ese motivo podemos dejar todo cortado como sofrito, para luego utilizar directamente. Los cortes también nos ayudan en blanqueamientos

y cocciones, ya que además de tomar menos tiempo, durante la congelación disminuiremos la aparición de macrocristales.

- **Blanquear o aplicar cocción**: es opcional, pero muy recomendado. En elcaso del blanqueado, debemos recordar que después de enfriar, se deben secar bien.
- **Almacenar herméticamente**: el aire del congelador seca y deshidrata, por eso, debe estar bien protegido en recipientes de tamaño adecuado y cierre hermético. Es ideal el uso de bolsas de sellado al vacío.
- **Porcionar según uso**: sabemos que en restaurantes y hogares las cantidades influyen, por ende, es bueno congelar en envases más pequeños o dividir en raciones. Así evitamos descongelar kilos de producto cuando solo queremos utilizar un poco.
- **Rotular el envase**: anotar lo que estamos congelando y la fecha en que lo hacemos, así mantenemos un registro y control de seguridad sobre lo que estamos descongelando.

» Cómo descongelar y cómo usar

Después de días, semanas o meses haremos lo siguiente:

- **Descongelar lentamente**: es importante para que el proceso sea sutil, así dañamos menos su estructura interna. Se recomienda pasar a refrigeración por al menos 24 horas, dejando en la base algún recipiente para capturar cualquier agua remanente.
- **Usar directo**: contrario a lo anterior, también podemos emplear el producto congelado, siempre que apliquemos cocción.
- **Descongelar en agua**: si por algún motivo debemos acelerar la descongelación, se puede dejar bajo chorro de agua o sumergido, siempre que el producto esté protegido evitando un contacto directo con el agua. No recomiendo utilizar la función descongelación de los microondas.

» ¿Qué sucede con el aporte nutricional de los alimentos congelados?

La congelación y su posterior descongelación implica una ligera pérdida de nutrientes. Siguen siendo alimentos óptimos, siempre que respetemos los consejos entregados y evitemos excesos de cocción.

» ¿Qué es un abatidor?

Es una de mis máquinas gastronómicas preferidas. Su función es congelar a mayor velocidad los alimentos, así se generan microcristales de agua. Es muy utilizado en restaurantes y centros de producción. Ya existen alternativas de uso para el hogar, lo cual puede representar una atractiva solución para la cocina doméstica de conservación, ahorro y tiempo.

» En resumen

La congelación es un método cómodo y eficaz para conservar todo tipo de alimentos, sin embargo, a pesar de lo conocido que es, no siempre se utiliza de manera correcta. Nos garantiza una excelente disponibilidad de vegetales, lo que nos permite reducir el desperdicio alimentario. Todo lo visto aquí se puede utilizar también para carnes y otro tipo de alimentos. Es relevante que todo lo que hagamos sea con higiene, seguridad y el correcto uso de las técnicas gastronómicas.

CAPÍTULO Nº 5

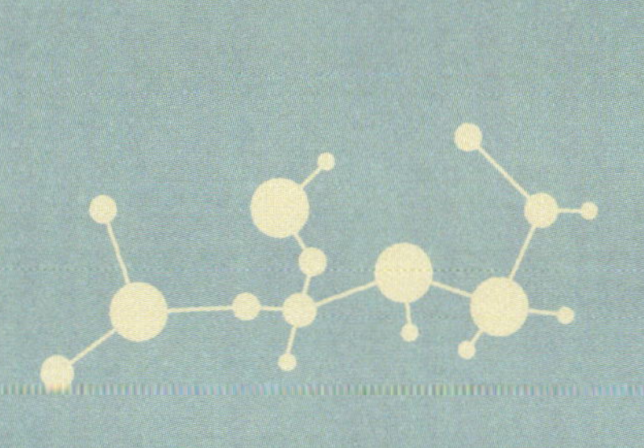

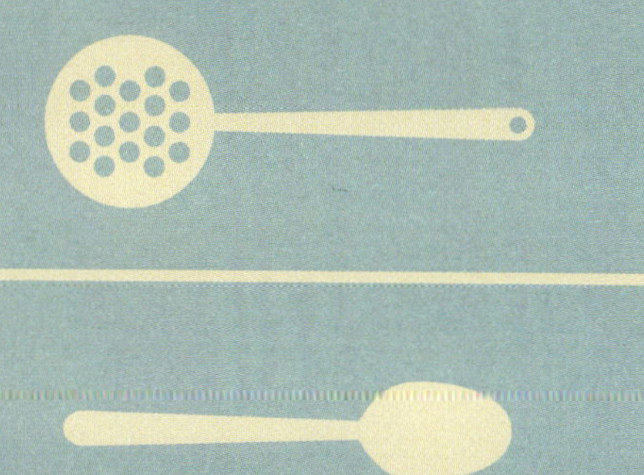

COCINA DÍA A DÍA

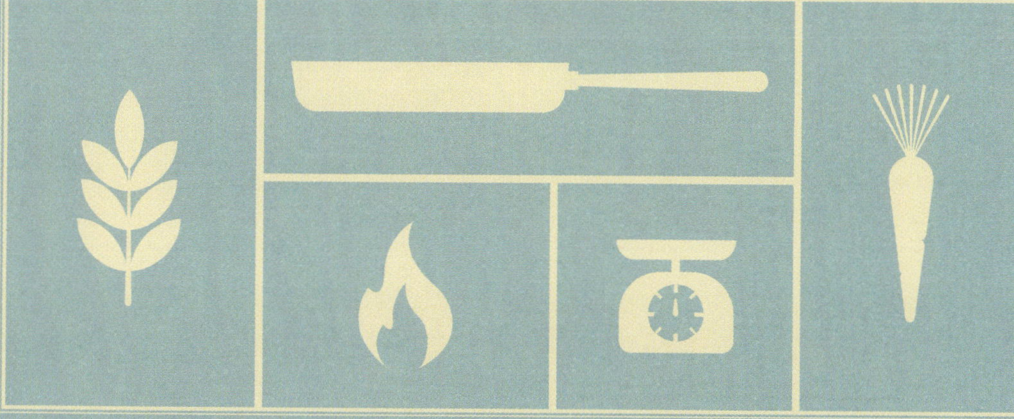

5.1

¿Por qué se corta la mayonesa?

Es una salsa básica, esencial en la cocina, usada en todo tipo de *snacks*, sándwiches y ensaladas. Si bien existe una abundante oferta de mayonesas en el mercado, la mayoría de las personas prefieren la casera, aunque para muchos sea un gran reto prepararla. No es fácil ligar una mayonesa. Aquí te ayudaremos a entender por qué se corta la mayonesa y cómo evitarlo.

» He escuchado que no es bueno hacer mayonesa en noches de luna llena...

Hay una serie de mitos que explicarían por qué se corta la mayonesa. Pero la ciencia se preocupa por precisiones culinarias y no por dichos populares. Empecemos por definir el producto.

» ¿Qué es la mayonesa?

Es una de las salsas frías más consumidas en el planeta, de textura firme, viscosa y cremosa. Técnicamente es una emulsión de aceite en una fase acuosa. La fase dispersa es el mismo aceite, mientras que el agua es provista por el huevo (cuya composición es de un 90 % de agua) y por otros ingredientes como jugo de limón o vinagre. Para lograr que se unan estas dos sustancias se requiere de un elemento emulsionante, en este caso ayudan las proteínas del huevo y la lecitina de la yema.

» ¿Y cómo es que estos ingredientes forman una salsa espesa?

Es curioso que un líquido como el aceite y algo viscoso como el huevo pueden transformarse en esta salsa de alto espesor y firmeza. No es por el almidón que alcanza consistencia, es por efecto de la emulsión.

La mayonesa realizada con triturador de inmersión es mucho más rápida de hacer, pero hacerla manualmente permite comprender los principios esenciales de las emulsiones culinarias.

Foto que muestra la mayonesa cortada, donde la emulsión no se cumple y se separan las fases. El sabor también cambia al no estar unidos los componentes y su apariencia no es agradable, pero se puede arreglar.

Al realizar una mayonesa incorporamos lentamente el aceite, gota a gota, sobre la yema o el huevo entero. Con el movimiento o batido, rompemos el aceite en gotas más pequeñas, es decir, en diminutos glóbulos de grasa que entran en contacto con el agua del huevo. Estos glóbulos activan las sustancias emulsionantes, en este caso, proteínas y lecitinas del huevo. Estas moléculas tienen una parte que es hidrofílica y otra lipofílica, por eso son capaces de captar separadamente el agua y el aceite, formando enlaces que modifican la estructura y que siguen creciendo a medida que vamos incorporando más aceite y manteniendo los movimientos. Es así como se forman macromoléculas que, al añadir más aceite, aumentarán en número, formando una salsa cada vez más espesa. Para que el proceso funcione y no se separe, debemos darle tiempo a las moléculas emulsionantes, a fin de que formen su unión, manteniendo un equilibrio entre agua y aceite. Cualquier desequilibrio arruina la consistencia, lo que provoca que se separe y se vuelva más líquida.

» Entonces, ¿por qué motivos se puede cortar?

Hay dos grandes motivos que derivan en la separación de la salsa:

1. **Se añade muy rápido el aceite:** si la velocidad en la que se vierte el aceite es más rápida que la del batido, no lograremos glóbulos pequeños, por ende, estos se unirán muy rápido formando glóbulos grandes que ocuparán más espacio y colapsarán a las proteínas y lecitinas. A esto se le conoce como coalescencia. Este fenómeno impide el desarrollo de la emulsión y provoca que la salsa separe sus fases.

Verter un poco de agua a temperatura ambiente o tibia sobre la mayonesa cortada equilibra las fases a fin de corregir la emulsión, luego se debe batir fuertemente.

Se puede verter más aceite para lograr más consistencia o terminar la receta (por si se cortó a mitad del proceso). Hay que recordar que se debe añadir lentamente y batir constantemente.

Una vez que se ha recuperado la emulsión, no hay que olvidar rectificar la sazón. Si le falta sal es mejor añadirla previamente disuelta en gotas de agua para una mejor disolución en las fases de la emulsión.

2. **Desequilibrio de fases**: las emulsiones se basan en equilibrar las fases oleosas y acuosas. No significa que siempre sean iguales en peso o volumen, pero cada ingrediente tiene la capacidad de mantener cierta cantidad de agua y aceite emulsionados. La yema de huevo (15 g aprox.) puede sostener más de 200 g de aceite, pero para ayudar a esta yema a capturar toda esa grasa se debe dispersar más. Necesita más agua para lograr llegar a todo ese aceite. En síntesis, si la salsa se corta, significa que se produjo un desequilibrio, un exceso de agua o de aceite.

Una vez que entendemos por qué ocurre esto, podemos dar dos soluciones:

1. **Verter el aceite más lento**: para formar gotas más pequeñas y ayudar a que los emulsionantes tomen el aceite y logren unirlo al agua. Hay que comenzar vertiendo lento el aceite y batir con batidor manual. El movimiento constante rompe las gotas de grasa en glóbulos más pequeños. A medida que aumenta el volumen, podemos incrementar la velocidad y verter más aceite sin miedo a que se corte, sin dejar de batir. Pero si el chorro es demasiado abundante, la emulsión colapsará nuevamente.

2. **Equilibrar las fases**: el aporte de limón o vinagre, además de dar sabor, añade más agua. Este líquido suma agua al huevo y permite que los elementos emulsionantes se dispersen más, captando mejor los glóbulos de grasa. Por eso es recomendable añadir al principio los líquidos ácidos junto con el huevo o la yema, y luego verter el aceite para lograr la mayonesa.

Las emulsiones se logran cuando un líquido entra en otro y forma un nuevo líquido de consistencia diferente. En este caso, el aceite (los puntos amarillos) es la fase dispersa dentro de una fase continua que es el agua (el color celeste), y se mantienen estables gracias al tensioactivo que los une (una molécula similar a un fósforo).

Cuando varios glóbulos de aceite se empiezan a unir (A), eso forma glóbulos más grandes, lo que se conoce como coalescencia (B). Debido a eso, el aceite se agrupa y puede separarse de la emulsión (C), provocando su ruptura. En palabras simples, se "corta" la mayonesa.

» ¿Y eso que dicen de que solo hay que batir hacia un lado?

Mientras haces la mayonesa de manera manual, puedes batir en sentido de las manecillas del reloj, en sentido contrario, hacia arriba o abajo, como estimes conveniente. No importa la dirección ni los cambios de ella, lo que importa es que el movimiento sea constante y a una velocidad justa para que las gotas de aceite choquen con el batidor y se hagan más pequeñas. Si bajas la velocidad y el flujo de aceite aumenta, se puede cortar.

» Y cuando se corta, ¿hay alguna manera de arreglarlo?

¡Claro, para eso está la ciencia! Hay dos opciones:

1. **Añadir agua**: basta con verter un poco de agua (menos de una cucharada por huevo) a la mayonesa cortada y batir enérgicamente. Veremos cómo la emulsión se arregla, puesto que al añadir agua extra, corregimos el desequilibrio de fases, permitiendo la reactivación de los emulsionantes. Así se dispersan, se unen con el aceite y logramos la salsa. Esta es mi técnica preferida.

2. **Añadir otro huevo**: funciona de manera similar a la técnica anterior, con la diferencia de que se aportan más emulsionantes y un poco de agua. Se añade un huevo o solo la yema extra al producto cortado, se bate con fuerza y listo. El único detalle es que puede quedar con un marcado sabor a huevo.

Consejos extras

- Si usas huevo crudo, la mayonesa se debe mantener en frío y consumir en menos de 24 horas.
- Los aceites recomendados son de girasol, canola, soya y oliva.
- Evita usar aceite de oliva extra virgen, puesto que sus fenoles en emulsión tienen probabilidad de dejar un sabor amargo.
- Si al finalizar la mayonesa le falta sal, lo recomendado es añadir una mezcla de sal disuelta en poca agua. Si la añades directo, no se disolverá. Además, después de unos minutos, verás unos puntos blancos. Esos son cristales de sal que empieza a atrapar el agua de la emulsión.
- Cuando la haces manualmente, si bates muy lento y añades gota a gota el aceite, lograrás una consistencia muy firme, casi gelatinosa.
- Mientras más aceite añadas, más firme y consistente será la mayonesa.
- Emplea, idealmente, ingredientes a temperatura ambiente. De esa manera, la emulsión será más fácil de lograr.
- Añadir mostaza al principio junto con el huevo evita que se corte y mejora su estabilización, pues también posee propiedades emulsionantes.

Para hacer mayonesa desde cero podemos usar licuadora o un triturador de inmersión, lo que permite hacerla hasta 10 veces más rápido. Debido a la disposición de las aspas en la licuadora, conviene ir añadiendo el aceite de a poco. En cambio, con el triturador de inmersión podemos verter todo el aceite en el vaso y se logra la emulsión. En ambos casos recomiendo utilizar el huevo entero, ya que debido a la alta velocidad, necesitamos dispersar más los emulsionantes en la fase acuosa, y la gran cantidad de agua y proteínas de la clara nos ayudarán a eso.

5.2

¿Cuántas tazas de agua necesita el arroz?

Es uno de los cereales más consumidos en el mundo y se encuentra presente en todos los recetarios. A pesar de su popularidad, hay quienes temen cocinarlo por miedo a que quede duro, pasado o hecho puré. Para la mayoría de las personas, el truco radica en la cantidad de agua que se usa. ¿Cuál es la proporción más adecuada?

» En casa usamos dos tazas de agua por taza de arroz...

Es la medida más usada, pero algunos reducen el agua a una taza y media. Hay quienes prefieren el arroz bien graneado, que caiga como copos de nieve al plato, mientras que otros preferirán mayor humedad, granos ligeramente pegajosos. Antes de aprender a darle el punto deseado, hablemos del producto.

» ¿De qué está formado el arroz?

Está compuesto principalmente por almidones, entre los que destacan la amilosa y amilopectina. La amilosa le da la textura firme y masticable, y la amilopectina le otorga humedad y gomosidad. Todo esto lo notamos en la cocción. Las diferentes variedades se diferencian en función de cuánta cantidad de almidones poseen, por eso algunos quedan más resistentes y otros más pastosos. Podemos encontrar tres tipos según su forma:

- **Grano largo**: forma larga y fina, tienen menos amilopectina, por eso quedan más graneados y sueltos, como el basmati o jazmín.
- **Grano medio**: forma ancha y alargada, es uno de los más consumidos y el preferido en el lado occidental. Sus almidones están nivelados para conseguir masticabilidad y humedad.
- **Grano corto**: forma corta y redonda, contiene mucha amilopectina y se destina para preparaciones como risottos o sushi, puesto que buscamos humedad y gomosidad.

» ¿Qué sucede al cocinar el arroz?

Al aplicar cocción estamos permitiendo que el grano absorba agua. Los almidones se hinchan y crecen el doble, después gelatinizan gracias al calor. Por eso, el arroz se cocina a una temperatura de 70 °C, de forma que el almidón gelatinice y así podamos masticarlo y digerirlo. Durante la cocción, parte del almidón sale fuera del grano, por eso pueden pegarse entre ellos.

» ¿Cómo podemos cocinar el arroz?

De la gran cantidad de preparaciones que existen, hablaremos de dos métodos básicos:

1. **Hervido directo:** vertiendo agua caliente o fría por encima del arroz. Se aplica calor y el grano absorbe. Obtenemos un arroz más húmedo. Es el método tradicional en el mundo oriental.

2. **Método nacarado o pilaf:** se sofríe el arroz en materia grasa, usualmente aceite, luego se vierte agua fría o caliente. Se aplica calor y el grano absorbe agua. Obtenemos un grano más graneado o suelto. Es el estilo preferido en el mundo occidental.

» Creo que es importante sofreír el arroz antes de verter agua...

En efecto, esta técnica se denomina marcado o sellado del arroz. Los granos, al contacto con la materia grasa, inician una pregelatinización que refuerza la amilosa. Es importante mantener un fuego medio y revolver para permitir que todos los granos se marquen por contacto. Esto cierra la retícula del grano por lo que, al verter agua, soltará menos almidón, consiguiendo un arroz más firme y graneado. A mayor tiempo de sellado, más suelto quedará el grano.

» Entonces, ¿cuánta agua debo agregar?

Cada familia tiene su receta infalible, su medida a prueba de balas. En lo personal, prefiero las recetas con gramajes y proporciones lo más exactas posibles:

- 1 taza de arroz = 180 g
- 1 taza de agua = 236 g

En cada casa hay una taza diferente. Por ello, una báscula no está de más, entendiendo que los volúmenes y proporciones sí se cumplen durante las cocciones. En el rubro profesional, se suele utilizar la siguiente proporción:

- Por 1 kilo de arroz / 1.5 kilos de agua

Eso, llevado a tazas, son 5 ½ de arroz y casi 6 ½ de agua. En proporciones caseras serían 1.15 tazas de agua por taza de arroz.

» ¡Pero esa cantidad es muy poca, el arroz me quedará seco!

Hay otros factores que influyen en la proporción, y que considero determinantes en el resultado: el tipo de olla o cacerola. Lo anterior tiene relación con la evaporación del agua. Si bien el arroz absorbe agua durante la cocción, mucha de esta se evaporará. Por eso, el tipo de olla, la materialidad y si tiene o no cierre hermético, determinarán cuánto vapor expulsará durante la cocción. Mientras menos evaporación, más agua absorberá el arroz. Por este motivo, tu receta infalible, hecha en otra casa, en otra olla, puede quedar diferente a lo esperado.

» Ah, por eso se cocina con la tapa puesta...

Si cocinas a olla destapada, perderás más vapor y el arroz quedará con textura dura, puesto que los almidones no podrán absorber lo necesario y el centro quedará crudo. Sin embargo, hay técnicas donde la tapa no es necesaria. ¿Les suena la paella? Para hacer una paella, se debe usar una proporción de agua superior por kilo de arroz, así el grano tiene tiempo de absorber el abundante líquido y el vapor no será problema.

Existen cacerolas con control de salida de vapor por válvulas, algunas con cierre hermético

1 porción de arroz y 1 porción de agua. La cocción es óptima y los granos se encuentran bien definidos y separados.

1 porción de arroz y 1.5 porciones de agua. Es la cocción estándar de muchos hogares. Los granos absorben más agua, pero mantienen su forma.

1 porción de arroz y 2 porciones de agua. Más agua significa granos que reventarán y liberarán más amilopectina. Su apariencia es más apelmazada, aunque se pueden diferenciar los granos y sus formas.

1 porción de arroz y 3 porciones de agua. Un exceso de agua hará que más amilopectina sea liberada. Prácticamente los granos reventados no poseen forma definida y parecerán una masa o tortilla.

y otras con agujeros que permiten salida de aire. Conozco también muchos hogares que, además de la tapa, colocan otros elementos como trapos, papel plástico de cocina para tapar las salidas de vapor y retener más humedad. Trucos caseros para conseguir un buen resultado con el arroz.

» ¿Y la proporción ideal?

Depende del gusto:

- Arroz más seco y graneado = menos agua añadida
- Arroz más húmedo y pegajoso = más agua añadida
- Arroz de textura húmeda = iniciar cocción con agua fría
- Arroz de textura más masticable y graneada = iniciar cocción con agua caliente o hirviendo

La verdad es que el arroz, idealmente y por gusto personal, debería absorber su mismo peso en agua. Esto significa que la proporción ideal debería ser 1:1. Para que eso ocurra, deberíamos usar una olla muy hermética y diseñada técnicamente para este tipo de cocciones. Siempre se prefiere añadir más agua, ya que el producto tendrá mejor rendimiento. En promedio, de un kilo de arroz crudo obtenemos 2.2 kilos de arroz cocido. Es un cereal que puede absorber más del triple de su peso. Me gusta demostrar el caso del arroz con el siguiente experimento. Cocinándolo en bolsas herméticas selladas (así no perdemos vapor) y luego, sumergiéndolo en agua a temperatura controlada (sistema *sous-vide*).

» Además de la proporción y el tipo de olla, ¿qué otros factores hay que considerar para hacer un buen arroz?

El tipo de fuego y su potencia, pues esto determinará los tiempos de cocción. No es igual cocinar con gas que con sistema eléctrico. En

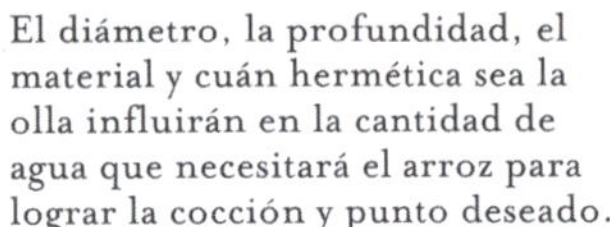

El diámetro, la profundidad, el material y cuán hermética sea la olla influirán en la cantidad de agua que necesitará el arroz para lograr la cocción y punto deseado.

Cocinar el arroz en sistema *sous-vide* nos permite experimentar los niveles de absorción de este cereal con mayor precisión. La receta para lograrlo es pesar el arroz y añadir la cantidad de agua necesaria y sal al gusto. Luego, es importante sellarlo para que quede un remanente de aire interno (se debe extraer un 70% del aire aprox.) a fin de que, durante la expansión, no colapse el arroz o quedaría como "tortilla". Se aplica cocción en termocirculador *sous-vide* a 93° C por 34 minutos. Finalizada la cocción, se debe abrir inmediatamente la bolsa, remover y trinchar el arroz y dejar reposar por 3 minutos. En la foto vemos el arroz sellado en bolsa antes de ser cocinado.

promedio, cocinar arroz demora entre 18 a 20 minutos (a un nivel de altitud estándar). Algunas personas lo cocinan y luego lo dejan reposando, otras lo sirven inmediatamente o lo mantienen a fuego muy bajo otros pocos minutos. Mientras más alta la temperatura, más evaporación tenemos.

Si es tu primera vez haciendo arroz, te propongo usar 1 ¼ de taza de agua por una taza de arroz, durante 18 a 20 minutos. Si después de hacerlo consideras que queda un poco seco, aumenta ¼ de taza de agua en cada proporción y vas probando hasta que, después de varias pruebas, completes un máximo de 2 tazas de agua. Siempre cocina tapado. Si vives en zonas de mayor altitud, la cantidad de agua y tiempo aumentarán, ya que el agua hierve antes y, por tanto, evapora tempranamente. Puedes tardar hasta 40 minutos. Tras la cocción, considera estos dos pasos antes de servirlo:

- **Trinchado**: una vez finalizado el tiempo de cocción, retira la tapa y remueve con un tenedor o con un trinche, a fin de soltar los granos, separarlos y permitir que el exceso de vapor retenido escape, así nos queda un arroz más suelto y fácil de servir.

- **Reposo**: después del trinchado, tapa y deja en reposo entre 5 a 10 minutos. Esto para que los granos terminen de absorber el agua remanente y dé espacio a que la gelatinización del arroz finalice. De esta manera tenemos un grano más agradable de masticar y con una humedad controlada.

» ¿Hay manera de evitar el uso de tazas?

Los profesionales usan el ojo, que es la forma para decir que algo que han hecho tantas veces ya está sistematizado en la retina y en el cerebro. Por eso, solo viendo los elementos saben cuánto arroz y cuánta agua necesita la

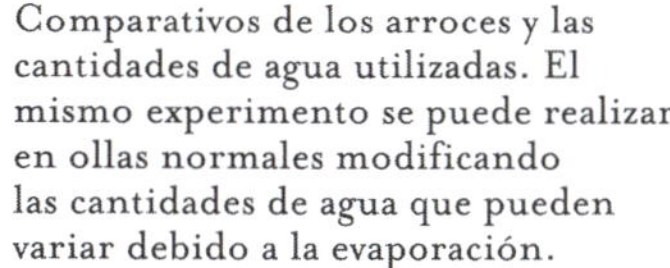

Comparativos de los arroces y las cantidades de agua utilizadas. El mismo experimento se puede realizar en ollas normales modificando las cantidades de agua que pueden variar debido a la evaporación.

Todas las ollas y cacerolas son diferentes, pero un factor determinante es cuán hermética sea. Del vapor que deje escapar dependerá el resultado, pues el agua que se evapora es líquido que el arroz deja de absorber.

preparación. En el oriente utilizan la palma de la mano. Coloca el arroz en la olla y vierte agua fría. Luego coloca la palma de la mano sobre el arroz, el agua debe cubrir justo sobre la palma, añade más líquido si es necesario. Si viertes agua caliente, en vez de colocar la mano (por seguridad) calcula usando una cuchara o espátula puesta verticalmente. Debe cubrir dos centímetros por encima del arroz.

» ¿Y recomiendas algunas técnicas de cocción?

¡Sabía que lo preguntarías! Aquí van mis recomendaciones, partiendo siempre del agua fría (prefiero un arroz más húmedo).

- **Técnica 10-10-10:** marcar o no el arroz, verter agua, tapar y dar fuego máximo por 10 minutos. Bajar el fuego al mínimo y dejar cocinar otros 10 minutos. Por último, apagar el fuego y dejar reposar 10 minutos. Al finalizar, retira la tapa y trincha.

- **Técnica hotelera:** marcar o no el arroz, verter agua, revolver suavemente, tapar y hervir. Al lograr ebullición, dejar a fuego mínimo tapado por 16-20 minutos. Trinchar, dejar reposar por 5 minutos.

» ¿Y qué hay del tostador?

Es un artefacto emblema en Chile. Este utensilio de hierro permite distribuir el calor de forma más homogénea debajo de la olla. Su uso constituye una tradición, mas no una obligación. Basta con tener el fuego al mínimo controlado y los resultados serán similares. La ciencia solo explica, no cuestiona costumbres arraigadas en la cultura familiar.

5.3

¿Sirve añadir aceite al agua de cocción de la pasta?

Para que no se pegue la pasta, dicen todos, es necesario cocinar en abundante agua hirviendo con sal más un chorro de aceite. ¿Es realmente necesario añadir aceite? Veamos otra precisión culinaria.

» En mi casa siempre lo hacemos...

Me imagino, pero ¿si te digo que no es necesario? Seguramente lo harías igual, por inercia. Añadir aceite al agua de cocción de la pasta no evita que se pegue.

» ¿Por qué no?

Por principio culinario básico: agua y aceite no se mezclan, por consiguiente, al verter grasa sobre el líquido de cocción, por densidad va a flotar. Las pastas, por su peso, caerán al fondo del agua y no tendrán contacto en ningún momento con el aceite...

» Pero si intento sacar la pasta por arriba...

No, buen intento. Si usas una tenaza para retirar tus spaghettis, el aceite superficial tiene una alta probabilidad de no quedar adherido a la pasta, pues al retirarlos, tendrán un poco de agua en las paredes almidonadas y, nuevamente, evitará que se adhiera.

» ¿Aplica tanto a pasta fresca como seca?

Aplica para ambas variedades. Considera, siempre, que la pasta fresca es más húmeda y requerirá mucho menos tiempo de cocción.

» ¿Por qué se pega la pasta?

Durante la cocción, los almidones del trigo (u otro tipo de cereal) comienzan a absorber agua, hinchan sus paredes celulares y con las altas temperaturas (sobre 70 °C) comienza la gelatinización. Esto ocurre de afuera hacia dentro. Este almidón gelatinizado es una especie de pegamento que se puede adherir con mucha facilidad a la pared de las ollas, o pegarse a otras pastas. Ahora bien, debo confesar que hay un caso donde sí se recomienda añadir aceite a la pasta. Si bien es poco común, aplica.

» ¡Interesante! O sea que sí se puede usar...

La ciencia evita los absolutos. Si cocinamos pasta fresca que tenga mucha harina adherida,

Al verter aceite en las pastas, se forman glóbulos donde rápidamente se unen unos con otros logrando el efecto de coalescencia. Debido a su densidad, el aceite flota y se mantiene en la superficie.

Después de solo unos segundos, todo el aceite se queda en la superficie y en ningún momento toma contacto con las pastas. Por lo cual no será efectivo evitando "que se peguen".

al colocarla en el agua, el exceso de almidón flotando podría generar espuma que haría que la olla constantemente colapse con agua de cocción (se sube y se expulsa fuera del recipiente). Un poco de aceite permite que las burbujas se rompan al contacto con la grasa, por ende, disminuyen las probabilidades de colapso. Sin embargo, la pasta podría pegarse.

» ¿Y cómo evito que se pegue la pasta?

Hay un consejo que siempre comparten los italianos: al momento de añadirla, se debe revolver constantemente hasta que el agua rompa el hervor. No es necesario esperar que el agua hierva nuevamente, ya que, por un lado, depende de la cantidad que cocinemos, y por otro, no es necesario que el agua esté hirviendo constantemente (aunque las burbujas sí ayudan).

» Analicemos la técnica:

- Al revolver la pasta cruda en el agua caliente, evitaremos con el movimiento que se mantenga unida.
- El movimiento también disuelve parte del almidón gelatinizado superficial (solo una parte, no afecta a la textura de la pasta).
- A medida que sube la temperatura y gelatiniza la superficie, el movimiento impide que se adhiera entre sí.
- Además, las burbujas de la ebullición mantienen separada y en movimiento la pasta.

En el fondo, basta con revolver cada cierto rato a fin de evitar que se pegue. Es la técnica más sencilla para aplicar en estos casos. Una vez que retiremos, podemos añadir aceite.

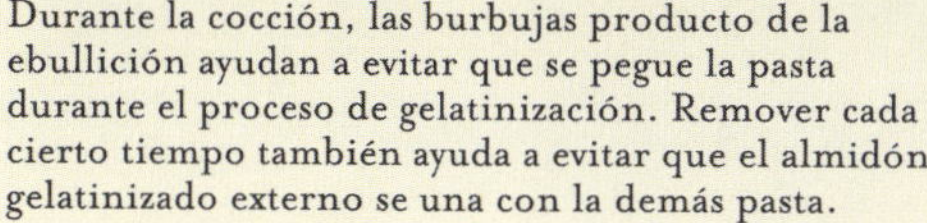

Durante la cocción, las burbujas producto de la ebullición ayudan a evitar que se pegue la pasta durante el proceso de gelatinización. Remover cada cierto tiempo también ayuda a evitar que el almidón gelatinizado externo se una con la demás pasta.

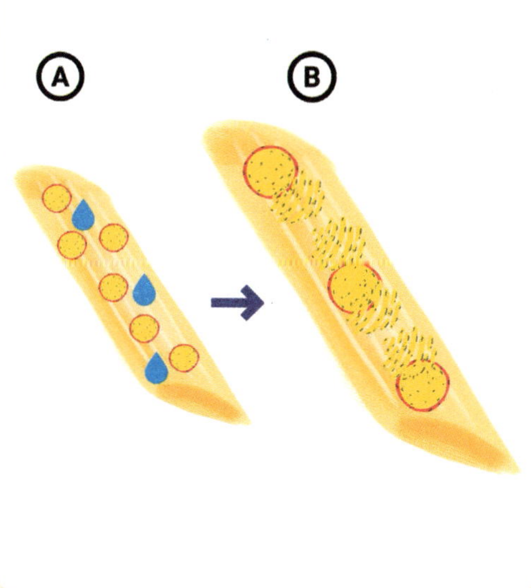

Los almidones de la pasta cruda se hidratan al momento de entrar al agua (A). A medida que sube la temperatura (B), por la hidratación, los almidones se hinchan y la pasta aumenta de volumen. Por las altas temperaturas, el almidón gelatiniza y despide amilopectina al exterior, dejando una consistencia masticable ligeramente pegajosa. La pasta tiene cocción.

» Entonces, sí puedo usar el aceite

Siempre fuera de la cocción. Siempre es conveniente servirla de inmediato o bañarla en salsa. Pero, si no la usarás al instante, conviene añadir un poco de aceite al momento de retirarla del agua, ya que la pasta absorbe rápidamente el agua remanente de las paredes, y un poco de aceite lubrica la superficie a fin de evitar que se pegue, por el hecho de que el almidón no absorbe aceite.

5.4

¿Por qué no me queda la receta?

Muchas veces seguimos una receta, nos esmeramos y, al terminar, el resultado no es satisfactorio. En este capítulo, analizaremos qué factores influyen a la hora de triunfar con una receta.

» Ojalá hubiera tenido esta información antes...

A todos nos gustaría tener un manual a prueba de errores, sobre todo en temas culinarios. Cada alimento tiene su complejidad, ahora imagina una receta que mezcla varios alimentos. Vamos a intentar simplificar los conceptos para poder entender cuándo falla una receta.

» ¿Por qué suelen fallar?

Cuando falla una receta, intentamos analizar rápidamente buscando algún error y olvidamos que pueden ser múltiples factores los que afecten el resultado final de una elaboración. Por ejemplo, si horneamos un panqué y este no sube como esperamos, podríamos pensar en que alguien abrió la puerta del horno. Pero ¿y si el error está en la manera de mezclar los ingredientes, en la humedad relativa del ambiente, en la proporción y medidas usadas?

» ¿Pasa en todo tipo de recetas?

Las decepciones se dan, sobre todo, en el mundo de la panadería y pastelería, por tratarse de recetas que requieren mayor precisión y exactitud. Si bien en guisos y estofados las medidas influyen poco, y se acepta como buena la espontaneidad y las "recetas al ojo", hay igualmente márgenes de error.

Estos son los factores que más influyen en el éxito de una receta:

- **Reemplazos no aptos**

Una receta requiere una serie de elementos. Cuando no se tienen, se reemplazan, pero no siempre el sustituto es apto. En el caso de vegetales y carnes, no presentan tantos problemas, pero en repostería, la cosa cambia. El comportamiento de una receta que reemplaza azúcar por edulcorantes, harinas por versiones sin gluten, huevos por frutas molidas afecta directamente al resultado, pues no se considera el aporte proteico, de grasas o de estructuras que necesita la receta para funcionar. Conocer la estructura y las propiedades del ingrediente es fundamental, a fin de encontrar el mejor reemplazo posible.

- **Humedad de los ingredientes**

Es un factor importante a considerar, pues mayor humedad necesitará mayor tiempo de cocción, puesto que debemos evaporar el exceso de agua retenida. Eso explica también por qué algunas masas se sienten más húmedas, a pesar de usar la receta de siempre. Es importante conocer cuán higroscópicos son nuestros ingredientes con el fin de decidir mejor los procesos.

- **Densidad de los ingredientes**

El aceite de oliva y la soya son dos grasas con densidades y estructuras distintas. Una mayonesa con aceite de oliva y otra con soya serán diferentes y requerirán pasos distintos. Es importante considerar esto a la hora de decidir qué ingrediente usar dependiendo de la receta.

- **Proporción de los ingredientes**

Muchas veces intentamos innovar en una receta, restando elementos, incorporando otros y, al final, no funciona. Volviendo al caso del panqué, si sube el batido, pero al cabo de unos minutos baja, se explicaría porque no hubo suficiente azúcar que reforzara la estructura de los huevos, o no había la cantidad de harina necesaria para que gelatinizara el bloque del pastel. Cada ingrediente en su debida proporción permite el éxito de una receta.

- **Precalentamiento del horno**

En muchos hogares se olvidan de este paso, a pesar de que es fundamental para lograr cocciones parejas. Los metales que componen el horno requieren tiempo para absorber el calor, por ello, unos 15 minutos antes, se debe encender para que alcance la temperatura deseada antes de introducir nuestra preparación.

- **Tipo de equipo de cocina**

No existe cocina, horno, microondas o cualquier aparato igual a otro. Sus propiedades, funciones y materiales determinan ciertos resultados en nuestras recetas. Algunos requieren más tiempo de cocción, otros demoran más en gratinar, por lo que considerar estas particularidades puede contribuir al éxito de nuestra receta.

Al hornear un panqué o bizcocho, una falla común es que este se "caiga" o baje durante la cocción. Muchos culpan al aire frío que entra al abrir la puerta del horno. Lo que realmente afecta son las proporciones de los ingredientes, las medidas incorrectas, la falta de precalentamiento del horno o una mezcla incorrecta de los ingredientes.

- **Altitud**

A mayor altura, más tiempo tarda una receta. Cada 300 metros sobre el nivel del mar disminuye un grado el punto de ebullición. En Bogotá, por ejemplo, que está a 2600 metros de altura, el agua hierve a 90° C. Un arroz que toma 20 minutos puede tomar más de 40, las masas deben llevar más agua y hornearse a mayor temperatura para evitar la pérdida de humedad. Todo guiso necesita más caldo, y así sucesivamente. Esto ya es conocido por sus habitantes, pero suele ser un dolor de cabeza para quienes visitan y cocinan en esas zonas. Ocurre lo contrario cuando nos encontramos a nivel del mar, aquí la presión atmosférica es diferente y el agua puede hervir a más de 100 °C, por lo que las cocciones son ligeramente más rápidas.

- **Tipo de agua**

Es uno de los puntos en los que siempre uso a Chile como ejemplo. El agua del norte es alta en minerales y se considera dura; en cambio, la del sur es muy baja en minerales, es decir, blanda. La dureza del agua influye en muchas recetas, puesto que los minerales presentes, principalmente el calcio y el magnesio, son determinantes en el resultado.

El agua dura hace que las cocciones de vegetales, legumbres, cereales y tubérculos tarde más tiempo, otorga más color a las masas tipo pan, permite obtener masas más firmes y da cierto sabor a los guisos. En cambio, las aguas blandas aceleran las cocciones, logran masas un poco más pálidas y tiernas y no influyen en el sabor de guisos y estofados.

- **Temperatura y humedad del entorno**

Las y los cocineros de casa saben cuánto influye la estación del año en la preparación de sus guisos. En épocas cálidas, con mayor temperatura y entornos más secos, las masas requieren más agua y menos trabajo; al contrario que en otoño e invierno, cuando hace más frío y hay mayor humedad en el ambiente, necesitan menos líquido y más trabajo de amasado.

- **Temperatura corporal**

¿Han escuchado de personas que tienen manos calientes y les quedan unas masas fenomenales? ¿O de personas que dicen tener manos frías? Los seres humanos tienen diferentes metabolismos y la circulación de la sangre influye en la temperatura corporal. Las personas de manos calientes tienen cierta ventaja a la hora de hacer masas de pan, cruasanes o bollería fermentada, puesto que el calor genera enlaces de gluten más rápido y más fuertes. En cambio, las de manos frías pueden lograr excelentes masas de tarta o galletas, ya que son elaboraciones con mayor materia grasa que se funden más lento en sus manos; también son favorables para trabajar el chocolate o en la manipulación del sushi. Si bien es una ventaja, no es exclusiva, ya que el entrenamiento y la técnica permiten a cualquier persona manipular eficazmente cualquier tipo de alimento.

- **Variaciones en unidades de medida**

Pesar nuestros ingredientes y dar exactitud a la receta es clave para un buen resultado. Las tazas o cucharas carecen de unificación, por lo que alteran el resultado de una receta. Todos los hogares deberían tener una balanza o pesa que mida gramos, a fin de estandarizar con más precisión nuestros recetarios.

- **Material de los utensilios**

Durante las cocciones, el traspaso de calor es importante para lograr cocinar nuestros alimentos. El aluminio es un ágil conductor de temperatura, pero se enfría con rapidez, por eso es recomendado para moldes de repostería. El acero tiene un nivel intermedio para retener calor y enfriar, aunque, al ser resistente, es el recomendado para ollas y sartenes. El hierro, en tanto, conduce muy lento el calor, pero lo retiene durante mucho más tiempo, lo que lo hace ideal para mantener la comida caliente o para utilizarse como recipiente de horno. El silicón es muy versátil por su facilidad y antiadherencia, sin embargo, es un mal conductor de temperatura, lo que significa que los tiempos de horneado deben ser mayores. Conocer la materialidad de los utensilios nos permitirá adaptar o no los tiempos de cocción.

- **Limpieza en los utensilios**

Aunque parezca bastante obvio, mantener la limpieza de los utensilios es crucial para lograr preparaciones óptimas. Los recipientes de plástico acumulan restos de grasa entre las hendiduras, por lo cual esa suciedad influye si batimos claras para merengues, ya que la grasa afecta a la consecución de espuma. Una sartén sucia bloquea el almíbar o caramelo, puesto que los restos orgánicos o la misma grasa residual permiten una rápida cristalización de los azúcares. Un horno muy sucio impide que el calor se irradie de manera pareja, puesto que la suciedad absorberá ese calor, por lo que genera temperaturas más bajas que la indicada. Por eso, en cocina la higiene y limpieza son fundamentales.

- **Experiencia técnica**

Todos tenemos alguna receta infalible, pero en otras nos hace falta práctica. Si deseamos hacer algo completamente nuevo, nos tomará más tiempo acostumbrarnos. El aprendizaje sistemático de prueba y error nos permitirá controlar mejor los ingredientes para, con el tiempo, reconocer a simple vista los problemas o éxito de nuestras elaboraciones.

» ¡Cuántas cosas influyen a la hora de cocinar!

Muchos de los puntos expuestos parecen simples detalles, pero es la sumatoria de esos detalles lo que puede asegurar el éxito de una receta.

5.5

¿Por qué los platos reposados de un día para otro saben mejor?

En las conversaciones sobre comida, donde siempre hay sabrosas discusiones, hay un punto con el que la mayoría siempre está de acuerdo: el reposo de los platos caseros. Aquellos guisos llenos de enjundia y sabor que, tras ser refrigerados, al día siguiente se vuelven a calentar para consumir mejoran de muchas maneras. Nos pasa sobre todo con los platos de legumbres, estofados y cazuelas, esos saben mucho mejor después de una o dos horas. La paciencia es bien recompensada, dirían por ahí. Pero ¿qué pasa durante esas horas de reposo que concentran los sabores?

» ¿Es cierto que saben mejor?

La respuesta es sí. Es una práctica muy recomendada de hacer, aunque es necesario cuidar la inocuidad alimentaria.

Hablemos de los elementos que componen una preparación para comprender mejor el fenómeno:

1. **Ingredientes principales:** los ítems que están en mayor cantidad y suelen ser los destacados, como las carnes, legumbres y vegetales.

2. **Ingredientes secundarios:** aportan volumen al plato, además de color, como vegetales, cereales y otros carbohidratos.

3. **Condimentos:** los que le dan su identidad y sazón. Contempla desde la sal en adelante y con un poco de cada uno es suficiente.

4. **Agua:** a casi todos los platos se les agrega agua (o un líquido), sumado al contenido de agua que aportan los propios alimentos durante la cocción. Es muy importante para la textura en toda preparación.

Aunque cada receta conlleva procesos específicos, sabemos que durante la cocción ocurren múltiples reacciones fisicoquímicas que permiten mejorar estos alimentos, desde hacerlos más digeribles, hasta más sabrosos.

» ¿Cómo mejoran al día siguiente? Veamos un ejemplo

Unas lentejas con chorizo, con buena base de vegetales, condimentos y agua.

» ¿Qué sucede mientras se cocina?

Partimos con todo dentro de la olla, agregamos agua y dejamos hervir lentamente:

- Los vegetales como la cebolla, zanahoria y el apio entregan sus sabores disueltos en el agua.
- Los condimentos también disuelven sus componentes.
- Los chorizos crudos se cocinan, o sea, desnaturalizan sus proteínas, donde el colágeno se transforma en gelatina. El embutido queda firme y tierno, pero también tenemos disolución de componentes.
- Las lentejas se cocinan, es decir, hidratan sus almidones, gelatinizan y atrapan el agua, y no cualquier agua, sino todo ese líquido lleno de sabor.

» ¡Listo para comer!

Separemos una porción para consumir en el momento, y otra igual, que dejaremos apartada hasta que baje la temperatura.

» Una vez frío, está listo para ser guardado

Mientras el guiso caliente empieza a perder temperatura, sigue la interacción en la cocción pasiva y continúan las reacciones.

» Listo para ser recalentado

Ha pasado uno o dos días en el refrigerador. Tomamos la porción guardada y calentamos a fuego directo, revolviendo, o en el microondas. Recuperamos la temperatura y listo para comer.

» ¡Sabe mucho mejor! ¿Por qué?

En efecto, muchas de sus propiedades se intensifican y mejoran. En el mundo de la ciencia es una conversación siempre presente que explico en los próximos 7 puntos.

1. Hidratación general: maduración

Durante la cocción, los ingredientes se hidratan (absorben agua) y otros entregan su agua. En la cocción no se suele lograr una hidratación al 100 %, principalmente por lo agresivo del calor. Pero una vez que se enfría —a bajas temperaturas—, el agua con todo ese sabor sigue hidratando y tomando lugar entre esos espacios de paredes celulares, por lo que legumbres y cereales continúan absorbiendo más de ese caldo. Por otro lado, los vegetales que eliminan agua en la cocción, durante el reposo pueden absorber parte de este líquido dando nuevos gustos. Todo esto se conoce como "madurar" el plato, ya que le damos más tiempo para mejorar esas características.

2. Disolución mayor de hidrosolubles y liposolubles

Los alimentos disuelven sus componentes de sabor y aromáticos en el líquido, y esto sigue ocurriendo en el reposo. Los vegetales y carnes liberan más de sus componentes, principalmente hidrosolubles. Por otro lado, los condimentos se pueden disolver y dispersar más entre el agua libre, de esa manera equilibran su sabor. Y no hay que olvidar que tenemos componentes que prefieren las grasas, es lo que entrega un buen aceite en el sofrito o las grasas fundidas de las carnes; los liposolubles equilibran y refinan aun más las características del plato. En resumen, todo tiempo mayor incrementa la disolución y mejora el perfil organoléptico de la receta.

El plato preparado en el día tiene buen sabor y colores intensos.

El plato al día siguiente puede verse similar, pero hay algunos cambios: los colores pueden quedar más opacos y hay menor presencia de líquidos debido a la evaporación. Los sabores estarán más balanceados y concentrados.

3. Almidones más hidratados y dispersos

Ya aprendimos que las lentejas en la cocción gelatinizan sus almidones gracias a la hidratación, una condición que aumenta durante el reposo, esto mejora notoriamente su textura. Hay algunos almidones a los que les gusta escapar del grano, quedándose en el líquido. Este es un ejemplo de dispersión, ya que se disuelve en el agua presente. Es una reacción que ocurre con muchos tipos de legumbres y cereales, siendo el mejor ejemplo el arroz. Aquí principalmente la amilosa escapa y espesa los líquidos. Durante el reposo sigue ocurriendo y por eso vemos que muchos guisos, al día siguiente, son más consistentes y espesos, lo que cambia la textura y, por ende, el sabor.

4. Generación de componentes entre interacciones químicas

Sabemos, por efecto de la química, que mezclar varios componentes genera uno nuevo. Durante el reposo, los componentes de sabor y aroma siguen interactuando, y entre los complejos enlaces moleculares (principalmente de hidrógeno y carbono) siguen las interacciones. Esto se traduce en nuevos sabores que se sentirán mejor solo después de un buen reposo. Encontramos un ejemplo en los guisos con tomate sin pelar: después de esperar varias horas, aumenta la percepción del componente isovaleronitrilo, este nos da un sabroso sabor a tomate de campo.

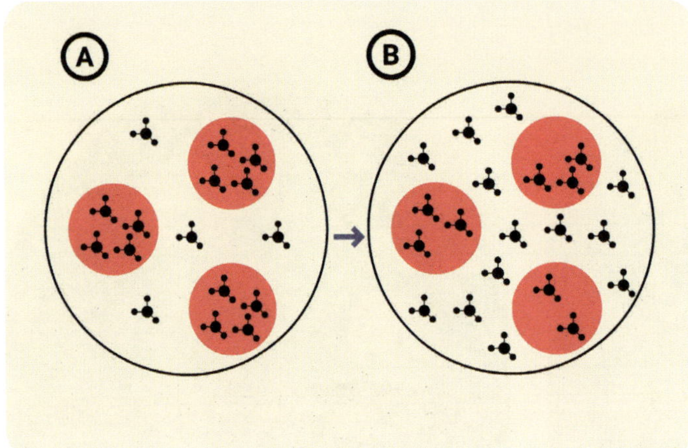

En el plato recién preparado (A), los ingredientes disuelven sus sabores, aromas y colores en los líquidos presentes. Esto sucede independientemente de su cantidad y de si son a base de agua o aceite. Al dejarlo más tiempo en reposo (B), lograremos que más componentes se disuelvan y estén en mayor equilibrio. Por lo que logramos sabores y aromas más concentrados y/o balanceados.

5. Más gelatinización y gelificación

Recordemos que los almidones gelatinizan y las proteínas gelifican gracias al calor, pero cuando están en refrigeración ambos forman geles consistentes. Los almidones espesan y modifican la viscosidad de los líquidos. Durante la cocción, las proteínas animales, que están formadas por colágeno, se transforman en gelatina, y, en frío, esta se gelifica. Luego, al calentar, la gelatina se derrite y gracias al almidón mantiene una consistencia más firme, dando una textura más sedosa, por lo que se perciben mejor los sabores. Las redes de almidón y gelatina, al ser hidrocoloides, atrapan más agua concentrada de sabores de la cocción, lo que hace más sabroso todo. Esto se aprecia mayoritariamente en preparaciones a base de varios tipos de carne y hueso.

6. Más evaporación de agua al recalentar

Durante el enfriamiento a temperatura ambiente, todo ese vapor es agua con componentes volátiles que dan aroma. Esto no significa necesariamente que perdamos sabor, solo parte del líquido. El sabor se encuentra atrapado en las paredes celulares. Al recalentar o regenerar el plato, este inevitablemente evapora parte de su agua, resultando en un guiso con un poco menos de líquido, lo que concentra más el gusto de los alimentos.

7. Con menos agua, hay nuevos compuestos

Sabemos que al recalentar perdemos agua y ganamos sabor, pero también hay reacciones como la glicación (también conocida como reacción de Maillard), en la que los alimentos se doran gracias al calor (aunque a veces no se nota a simple vista).

» ¡Qué ganas de comer todo al día siguiente!

Dependiendo del plato preparado. Pasa con guisos, estofados, pastas con salsa (siguen absorbiendo), pasteles de maíz chilenos, empanadas. Sin embargo, hay que recordar que hay ciertos platillos que es mejor consumir frescos y cocinados al momento, principalmente las ensaladas delicadas, carnes asadas, ceviches, entre otros.

» Habías mencionado algo de inocuidad alimentaria...

Exacto. Si bien aprendimos lo bueno de consumir platos reposados, es bueno recordar:

- Enfriar lo más rápido posible la preparación, evitando superar las dos horas a temperatura ambiente. Para ello es mejor usar una fuente de gran tamaño.
- Guardar el alimento cocinado en un recipiente hermético.
- Dejar en refrigeración un máximo de 4 días. Evita consumir el alimento pasado ese tiempo. Para prolongar la vida útil del alimento, puedes guardarlo al vacío o congelarlo.
- Calentar o regenerar correctamente. Se puede usar microondas, horno o fuego directo. Cuida que el producto quede bien caliente (alcanzando una temperatura superior o igual a 65 °C a núcleo). Evita excesos de tiempo, para no arruinar el plato.

CAPÍTULO

Nº 6

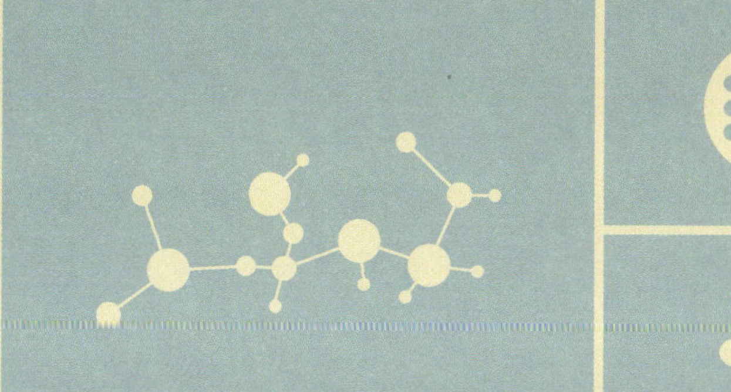
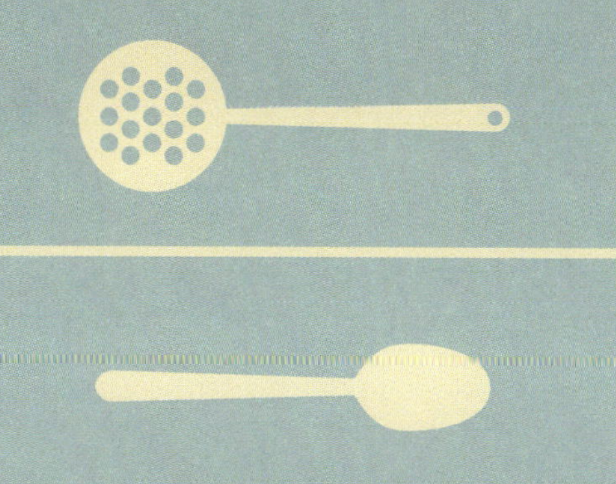

DULCES

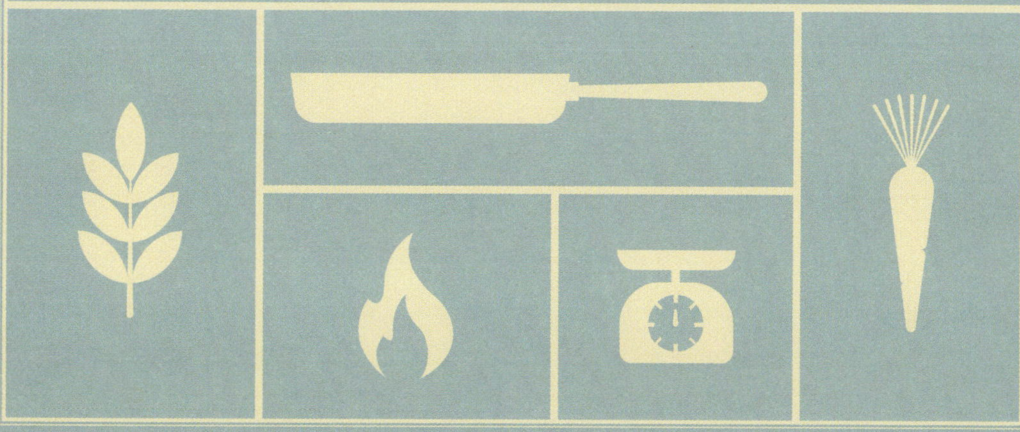

6.1

¿Por qué el pan es firme y el pastel tierno?

Las elaboraciones de pastelería, en la que caben pasteles, panes y bizcochos, destacan por su diversidad de texturas: crujientes, firmes, suaves y esponjosas. De base usan los mismos ingredientes, como harina, azúcar, mantequilla y huevos pero, dependiendo de cómo se mezclen, será el resultado de su estructura.

» ¿Un pan se considera pastelería?

En efecto, es una rama muy importante de la gastronomía. Su etimología viene del latín *patellum* (comida o alimento) y del griego *Pasté* (mezcla de harina y líquido), adaptada del francés Pâte que significa masa. Antiguamente galletas, tortillas y panes se catalogaban como masas, ya que era su ingrediente de base. Así, quienes las elaboraban, se empezaron a diferenciar del cocinero, dando origen al oficio de *pâtissier* (pastelero). Su evolución es clave para el desarrollo de la gastronomía. Panadería y pastelería forman parte de las ramas de la pastelería.

» Entonces son masas...

Los panes son masas elaboradas a base de una mezcla de cereales molidos y agua. En el lado occidental fue el uso de maíz, arroz y trigo lo que determinó la alimentación de las sociedades, siendo la harina de trigo la preferida. Al mezclar harina con algún líquido y aplicar trabajo mecánico, obtenemos una masa elástica que puede convertirse en tortilla o pan. Pero si a esta masa le sumamos azúcar, mantequilla y huevos, además de ganar en sabor, conseguiremos una miga suave y esponjosa.

» ¿Cuáles son las propiedades de la harina?

La de trigo posee dos proteínas importantes: glutenina y gliadina. Al verter agua y trabajarla, es decir, amasarla, activamos ambas, generando una unión proteica, enlaces conocidos como redes de gluten. Es el gluten el que genera la elasticidad en la masa. Después, al momento de hornear, obtenemos una masa firme y consistente, con una miga suave, gomosa, con presencia de alveolos. El gluten más el almidón aportan gomosidad, lo que permite que el pan sea firme y resistente.

» ¿Cómo conseguir que no se deterioren las redes de gluten?

Los enlaces fuertes dan productos firmes. Existen ingredientes que afectan la unión de estas proteínas, alterando así el desarrollo del gluten. Veamos algunos ejemplos:

Las redes de gluten que son más sólidas en un pan forman texturas más firmes y resistentes. A la vez, su esponjosidad le aporta la terneza justa.

En bizcochos, panqués o muffins las redes de gluten están debilitadas debido a los azúcares y grasas que las hacen más tiernas. Por eso se parten con facilidad y son más agradables de masticar.

· **Azúcares:** el azúcar común (sacarosa) es higroscópica, le encanta el agua y luchará por estar unida a este líquido, al igual que la harina. Por ende, si se añade un poco de azúcar a la masa, debilitará los enlaces debido a la competencia por agua. A mayor cantidad menos enlaces firmes, lo que dará como resultado un producto frágil, sobre todo después del horneado, puesto que mucha de esa agua evaporará y nos quedaremos con cristales de azúcar que aportan una textura crujiente.

· **Grasas:** la harina no puede absorber grasa, puesto que sus almidones son hidrosolubles y no liposolubles. Por lo tanto, al haber poca agua, el gluten no se desarrolla óptimamente, creando enlaces muy débiles. El resultado son productos muy frágiles que se deshacen en la boca, como las galletas.

· **Huevos:** la clara, al contener agua y proteínas, puede reforzar los enlaces de gluten, aportando más humedad y consistencia debido a que sus proteínas coagularán en la cocción, logrando aglomerar toda la estructura. La yema, en tanto se compone de agua, proteínas y grasas, permitirá obtener productos suaves y fáciles de masticar. Esto dependerá también de la cantidad de clara o yema añadida.

» ¿Cómo influye el gluten en las recetas?

Analicemos con base en elaboraciones tradicionales de la pastelería:

· **Panes:** por acción del gluten, durante la fermentación, la masa atrapa el dióxido de carbono generado por las levaduras. Esto la vuelve elástica, inflándose y reteniendo aire en forma de alveolos. Durante la cocción, la masa aumenta el dióxido de carbono y, además, retiene vapor de agua de los líquidos presentes, así se consigue un pan bien esponjoso, de miga resistente.

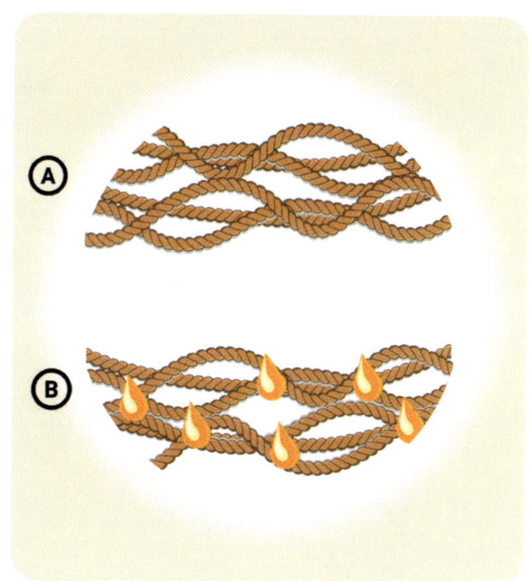

Gluten tierno: las redes formadas por el gluten en un pan (A) son cadenas largas y firmes, por eso el pan es resistente. Pero si se añaden grasas a una masa (B), estas lubrican los enlaces e impiden que se unan con fuerza, por eso los bizcochos o galletas son más frágiles.

· **Tortillas:** deben ser firmes y resistentes —para aguantar los ingredientes del relleno—, y flexibles —para una fácil manipulación—. Es una masa que necesita desarrollar gluten para conseguirlo (tacos o wraps).

· **Bizcochos:** deben ser muy esponjosos y alveolados, además de fáciles de partir y masticar. El poco desarrollo debe atrapar el aire durante la cocción, aunque son los huevos los que ayudan en esta tarea. La grasa presente hará que la miga quede muy suave. Sirve para base de pasteles como panqués, muffins, brownies, etc.

· **Galletas dulces:** suelen llevar muy poca agua, apenas dotada por los huevos, ya que la idea es obtener resultados muy crujientes o húmedos al centro y crocantes por fuera. El escaso gluten y el huevo actúan como aglomerantes de los ingredientes. A pesar de lo crujiente, es una masa fácil de masticar. Dependerá también del nivel de deshidratación del producto al final.

· **Masas de hojaldre, cruasanes:** aquí obtenemos lo mejor de ambos mundos, ya que primero necesitamos una masa con buen desarrollo de gluten que permita la formación de alveolos, mientras sea capaz de resistir toda la mantequilla que se añadirá entre capas. Así, durante el horneado, crecerá el vapor del agua y la grasa derretida lubricará entre capas de masa, provocando texturas resistentes pero frágiles en boca, con el característico crujiente del hojaldre.

» ¡Interesante! ¿Qué otros ingredientes pueden desarrollar o bloquear la formación de gluten?

Como comenté antes, cualquier ingrediente puede influir, desde elementos sólidos como semillas, granos y carnes, pulpas de frutas y verduras o líquidos como alcoholes y jugos. Serán, sin embargo, los ingredientes base de pastelería los que marcarán las grandes diferencias.

6.2

¿Por qué el pan se endurece y las galletas se ablandan?

Después de algunas horas, panes y galletas cambian notoriamente su consistencia. ¿Qué le ocurre a las masas después de hornearse?

» El pan de un día para otro está distinto...

Salvo algunas excepciones, la comida no dura mucho tiempo. Aunque los productos de panadería y pastelería gozan de ventajosas propiedades de conservación. Durante el horneado evaporan gran cantidad de agua, por lo que no se descomponen y, además, el azúcar presente actúa como conservado alargando su vida útil. A pesar de esto, comer un pan recién horneado *versus* comerlo un par de horas después son dos experiencias diferentes. La consistencia —pasado el tiempo— cambia, volviéndose más seca, dura o menos crujiente. Para una mejor comprensión, lo dividiremos en dos categorías.

» Pan duro

Aquí nos referimos a productos de panadería con una base de agua, harina y sal. Después del horneado tenemos resultados de miga suave y esponjosa. Al día siguiente, ya tenemos un pan menos tierno y después de varios días, está durísimo. Esto ocurre por:

- **Evaporación - deshidratación:** después de hornear, el calor remanente sigue evaporando agua. Una vez frío, si el pan no está protegido, la evaporación ocurre de forma muy lenta, lo que genera una deshidratación general.

- **Retrogradación:** durante el horneado, los almidones de la harina atrapan el agua y se gelatinizan, adquiriendo consistencia. Sin embargo, tras enfriarse el pan, los almidones continúan gelatinizando lentamente hasta formar una pieza más firme, creando almidones resistentes que encierran el agua dejándola atrapada. Luego, se forma una estructura como un cristal donde las redes de almidón resistente se deshidratan nuevamente. Esto se llama retrogradación, y explica que el pan, según pasen los días, adquiera firmeza y se quede duro.

» ¿Hay forma de evitarlo o de reblandecer el pan duro?

Es tan sencillo como volver a calentarlo, añadiendo un poco de agua en la superficie o un recipiente para generar vapor. Durante el calentamiento, el agua retenida por los almidones genera calor y vapor, esto debilita las redes tipo cristal, así se ablanda y tenemos un pan tierno. Los resultados son más efectivos si calentamos de manera rápida, en un horno o tostador. Cuando han pasado muchos días, el pan habrá evaporado más agua retenida y los almidones tendrán una alta resistencia, por lo que el pan estará excesivamente duro y con sabor a envejecido. Al calentar, añadiendo agua, quedará un producto de textura chiclosa, resistente, entre duro y elástico.

» Galletas blandas

Para recetas de pastelería como galletas, bollería, panqués y muffins en general, los ingredientes principales a usar son harina, materia grasa y azúcar. Después de hornearse, obtenemos masas muy tiernas y esponjosas, logrando además una superficie crujiente. Para el caso de las galletas, podemos tener una textura muy crujiente y centro húmedo o completamente crujiente. Luego de unos días, la bollería y los bizcochos se secan un poco, perdiendo su textura y crocancia. Las galletas, en tanto, se reblandecen. Esto ocurre por:

• **Higroscopía del azúcar:** es la característica del azúcar. La sacarosa, al ser muy hidrofílica e higroscópica, absorbe el agua remanente del producto. Con los días, la masa comienza a absorber la humedad del entorno, rehidratando sus azúcares y almidones, logrando consistencias frágiles y blandas.

» También tiene solución, ¿no?

Similar al pan, se puede hornear brevemente, lo que además de reactivar almidones, permite que el agua retenida por el azúcar se evapore y vuelva a formar su estructura cristalizada. De esa forma, recuperamos un poco la textura crujiente. Al igual que en el pan, si pasa mucho tiempo, es mejor no consumirlo.

» ¿Y cómo lo puedo prevenir?

Si queremos preservar unos días más nuestros productos, podemos reducir las reacciones de cambio y textura realizando lo siguiente:

» Panes en general

• **Añadir grasas:** al añadir un poco de aceites o mantequillas (10 % en relación con la harina), las grasas lubricarán los almidones y evitarán que pierdan humedad, retrasando la retrogradación. Esto puede cambiar un poco la textura del pan.

• **Conservar en bolsas:** guardar el pan en una bolsa de papel o tela permite conservar la humedad propia del pan. Es mejor si se almacena, además, en un lugar fresco, seco y alejado de la luz. Se deben evitar recipientes o bolsas de plástico hermético, porque estos harán retener la humedad y el pan comenzará a sudar, lo que puede generar hongos.

• **Hornear unos minutos más:** al último momento, se puede hornear el pan unos dos o tres minutos más, bajando un poco la temperatura del horno (a unos 190 °C), así generamos una corteza un poco más gruesa, que será una barrera que retrase la deshidratación. Esto aplica para hogazas o panes grandes.

• **Congelar:** una buena idea es congelar el pan (y es más fácil si está rebanado) colocando en un recipiente hermético o en una bolsa plástica. El agua se congelará y esto evitará que se evapore o que sea retenida por los almidones. Posterior a eso, calentar en horno o tostador. El pan puede conservarse en congelador por unos tres meses.

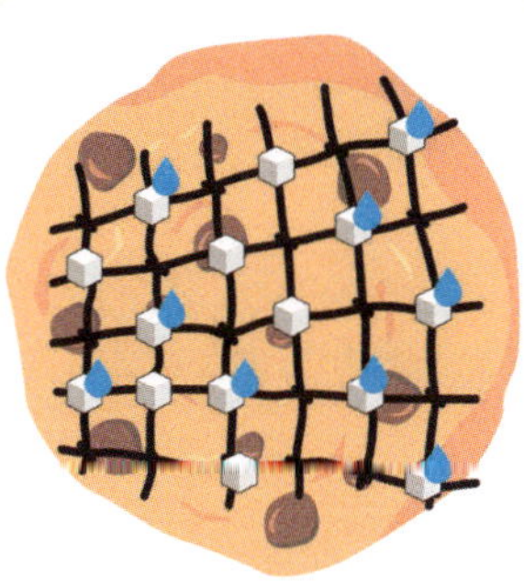

Las galletas son crujientes en general, pero si no se dejan en un envase hermético, los azúcares de la masa continuarán absorbiendo la humedad del ambiente, por eso la galleta puede quedar blanda. Ese fenómeno se llama higroscopía.

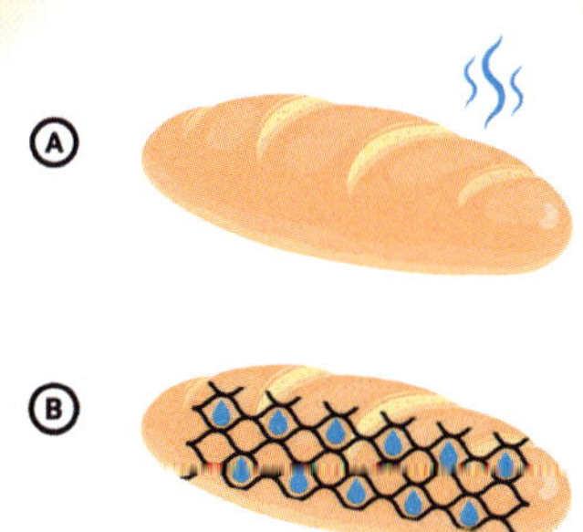

Un pan fresco (A) es esponjoso y tierno. Pero a medida que pasan los días, el agua retenida en el pan (B) queda atrapada entre redes de almidón que se endurecen como un cristal. Por eso el pan se siente duro y a este proceso se le denomina retrogradación. Pero si este mismo se calienta nuevamente, el almidón vuelve a ablandarse, liberando el agua y teniendo la posibilidad de quedar tierno.

» Galletas y pastelería horneada

• **Guardar en recipientes herméticos**: así evitaremos que entre la humedad. El vidrio o cerámica son los materiales más recomendados, ya que generan poca temperatura y son menos reactivos. Se deben guardar en un lugar fresco, seco y alejado de la luz.

• **Congelar**: en teoría, también se pueden congelar estos productos; sin embargo, influye mucho la receta del pastel, pues durante la congelación se pueden dañar algunas redes de gluten y de almidón por la generación de cristales de agua que las rompen, restando esponjosidad a la elaboración.

Las galletas y similares, como bizcochos o muffins, suelen mantenerse blandos, pero pierden sus texturas crujientes debido a la higroscopicidad del azúcar. En cambio, en un pan, que carece de azúcar y grasas, ocurre la retrogradación, donde queda más duro con el pasar del tiempo.

» ¡Mejor se comen rápido y ya!

Es lo ideal, pero para los casos en los que debes conservarlos por más tiempo, la mejor manera de mantenerlos con sus propiedades y frescura es lo expuesto en estas líneas. Lo importante es que hemos entendido los porqués de eso que vemos cotidianamente en nuestras casas, y, ahora, podemos prevenir su deterioro o extender su conservación.

6.3

Puntos de cocción de los pasteles de chocolate

Los pasteles de chocolate son los más populares, la mayoría los prefiere a la hora de hornear. Existen muchas clasificaciones, pero en este capítulo nos enfocaremos en la masa de pastel horneado y específicamente en el brownie y en el *moelleux*, o volcán.

» ¿Qué tienen de especial esas recetas?

Además de ser ultraconocidas, tienen la particularidad de ser pasteles de mucha humedad. Los brownies se caracterizan por su textura crujiente, suave y melosa al centro, mientras que el *moelleux* destaca por ser un pastel con un centro muy húmedo, una crema de chocolate caliente que escurre por el plato. En ambas preparaciones deben controlarse rigurosamente los tiempos de cocción, para evitar pasarnos de textura y obtener resultados no deseados.

» Suelen venir crudos, ¿no?

Es común escuchar que el brownie y *moelleux* están crudos al interior, esto es un error. Estas elaboraciones tienen características específicas que explican ese tipo de textura interna. Para entenderlo revisaremos los fundamentos de la cocción en ambas recetas.

Partimos de la base de que ambas elaboraciones necesitan los mismos ingredientes, aunque en diferentes proporciones.

Harina

- **Hidratación de almidones y proteínas:** se inicia en la presencia de líquidos.
- **Gelatinización de almidones:** inicia a 60 °C, se aprecia más a 85 °C.
- **Coagulación de proteínas:** 70 °C aproximadamente.

Huevos

- **Coagulación de proteínas:** inicia a 56 °C, mayor coagulación sobre 65 °C (en ambos clara y yema).

Si al interior del pastel logramos temperaturas superiores a las mencionadas, podemos decir que logramos una cocción efectiva. Para comprobarlo, debemos medir con sonda durante el horneado. Recordemos que tenemos un horno sobre 190 °C, y esa irradiación de energía llegará al pastel. Según la imagen, logramos más de 94 °C en cada caso, lo que significa que tenemos una cocción efectiva y segura, donde harina y huevos están cocidos (gelatinizado y coagulado) y mantienen su humedad. Por lo tanto, no está "crudo".

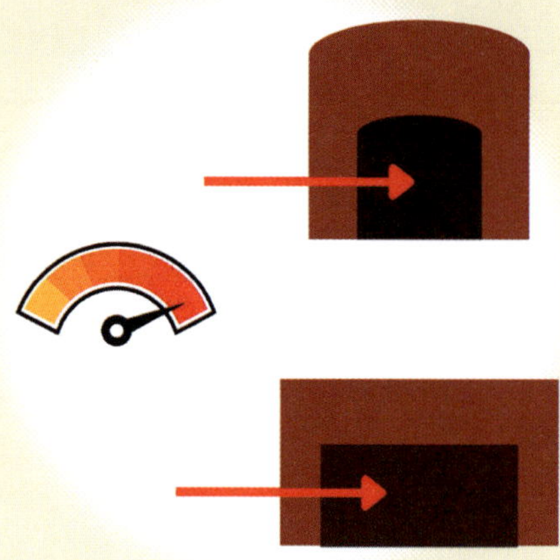

Las cocciones en un horno se producen por difusión, ya que el calor va de afuera hacia dentro del producto. Por ese motivo, primero se hornea y deshidrata la superficie, hasta que lentamente llega hacia el centro. Al controlar los tiempos de difusión, controlamos la cocción.

» ¿Por qué parece crudo al interior? Si el exterior se ve seco...

En el horno la energía llega al pastel y empieza a hornearlo. Esto se explica con el fenómeno de difusión de calor, puesto que la energía irradiada por el horno llega como aire caliente, toca la superficie y lentamente penetra al interior, hasta que logra una mayor temperatura. Como la capa exterior del pastel está más expuesta, se comienza a deshidratar lentamente; es decir, evapora el agua (de los huevos y la mantequilla, según varíe la receta). Por eso vemos burbujas en la masa y se deshidrata de afuera hacia adentro. Así es como logramos que el centro quede húmedo, porque controlamos la deshidratación en los tiempos de horneado para evitar que se seque por completo.

» ¡Interesante! ¿Hay algo más que influya?

Efectivamente, estas recetas tienen poca harina en comparación a un panqué o un muffin, para evitar gelatinizar las proteínas que capturan más agua, la retienen y generan una esponjosidad como en el tradicional bizcocho o en la base de un pastel. También, ambas recetas carecen de agua. El líquido de la masa proviene de los huevos (85 % aproximadamente) y de la mantequilla (16 % aprox.), el resto son ingredientes secos y ricos en materia grasa. Por ese motivo, consiguen una buena humedad y textura. Ahora que hemos entendido cómo se comportan los ingredientes en la cocción, podemos controlar esta deshidratación a fin de lograr el resultado deseado. Ya estás preparado para experimentar tiempos de horneado a fin de controlar la humedad, melosidad y esponjosidad que quieres en tu receta.

Brownie con 18 minutos de cocción, se logra un buen punto *fudge* de buena humedad, con bordes ligeramente deshidratados.

Brownie con 20 minutos de cocción, se logra un buen punto *fudge*, menor humedad comparado al anterior, con bordes deshidratados.

Brownies

En este pastel buscamos una superficie ligeramente crujiente y un centro húmedo. Después de hornear, se deja enfriar: así finaliza la gelatinización de almidones y queda más firme. De esa manera, es fácil de cortar y podemos disfrutar de sus texturas. Se recomienda calentar unos minutos para entibiar el centro, así mejora la consistencia.

Los pasteles de chocolate horneados, como brownies y *moelleux*, no se considera que estén "crudos" ya que su temperatura interna sobrepasa los 90°C, así gelatinizamos almidones y coagulan los huevos.

Brownie con 24 minutos de cocción, perdemos la textura *fudge*, pero mantiene una humedad considerable, bordes más deshidratados.

Brownie con 30 minutos de cocción, perdemos gran cantidad de humedad. Teóricamente ya no es un brownie, sino un panqué o muffin. Hay deshidratación notoria en toda la pieza.

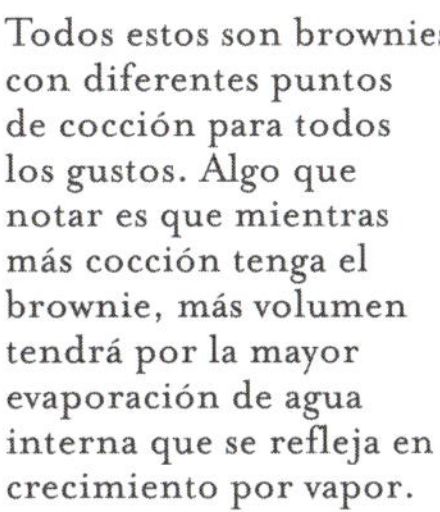

Todos estos son brownies con diferentes puntos de cocción para todos los gustos. Algo que notar es que mientras más cocción tenga el brownie, más volumen tendrá por la mayor evaporación de agua interna que se refleja en crecimiento por vapor.

Moelleux o volcán

El atractivo de este postre es lograr un centro líquido que fluya en el plato, por eso se hornea y se consume caliente, en el momento. Si se enfría, las grasas se solidifican y quedaría similar al brownie.

» ¿Podemos variar en tiempos y temperatura?

Sí, hay muchas variables al momento de hornear. Puedes usar temperaturas más bajas, baño maría y cambiar los ingredientes por otros. Siempre habrá factores que influyan en el resultado. La idea es experimentar hasta conseguir el resultado deseado.

Moelleux con 10 minutos de cocción, centro muy húmedo que escurre rápidamente.

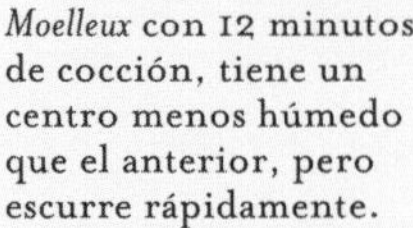

Moelleux con 12 minutos de cocción, tiene un centro menos húmedo que el anterior, pero escurre rápidamente.

Moelleux con 15 minutos de cocción, centro húmedo que escurre menos. Este es el punto límite para que sea considerado *moelleux* o volcán.

Moelleux con 18 minutos de cocción, tiene un centro menos húmedo debido a una mayor deshidratación. Técnicamente no es considerado *moelleux* sino un muffin húmedo.

Moelleux de 20 minutos de cocción, muy deshidratado y textura seca. Técnicamente no es considerado *moelleux* sino un muffin.

Al igual que los brownies, a mayor cocción, mayor volumen y "más" se agrieta la superficie.

Moelleux partidos por la mitad para ver cuánto de su centro de chocolate escurre.

Recetas

» Brownie (10 a 12 porciones)

- 200 g de chocolate amargo 55% o más
- 200 g de mantequilla
- 4 huevos
- 30 g de cacao en polvo
- 280 g de azúcar
- 100 g de harina

- Fundir el chocolate con la mantequilla.
- Aparte, mezclar huevos con azúcar y batir.
- Unir la mezcla anterior con el chocolate derretido.
- Aparte, tamizar el cacao con la harina y añadirla a la mezcla de huevos, azúcar y chocolate.
- Verter en moldes previamente engrasados.
- Hornear a 190 °C por 25 minutos.
  * Se puede hornear por diferentes tiempos para lograr diferentes cocciones.

» *Moelleux* de chocolate (4 unidades)

- 180 g de chocolate amargo 55% o más
- 100 g de mantequilla
- 2 huevos
- 2 yemas
- 10 g de cacao en polvo
- 60 g de azúcar
- 20 g de harina
- 2 g de polvos de hornear

- Seguir mismos pasos que para el brownie.
- Verter en moldes tipo timbal enmantequillados y con cacao en polvo en la base.
- Hornear a 200 °C por 10 a 14 minutos. Depende del horno y punto de cocción.

6.4

¿Por qué le salen agujeros al flan?

Dentro de los postres a base de leche, el flan destaca por ser uno de los más apetecidos y difíciles de lograr. Para flanes, texturas. Hay quienes los prefieren con varios agujeros; otros, con algunos y otros buscan elaborar un flan liso. En este capítulo aprenderás a entender el proceso para elaborar el mejor flan.

» Analicemos la receta clásica:

Los huevos son los grandes responsables de la formación del flan, puesto que estos determinan la textura y la firmeza de la receta. Al inicio, la receta es líquida, pero una vez en el horno, sobre los 60 °C, comienza la desnaturalización de las proteínas del huevo, principalmente la ovoalbúmina. Esto enlaza las proteínas, atrapando la leche entre sus redes. Sobre los 85 °C, la desnaturalización es todavía mayor, coagulando las proteínas y dotando de mayor resistencia al producto. Al finalizar el tiempo de horneado, el flan se ve cuajado pero no firme, ya que debe enfriarse. Una vez que está frío, se completa el proceso de gelificación y el flan queda firme con su suavidad característica.

» ¿Y en qué influyen los otros ingredientes?

¡Buena pregunta! Los ingredientes aportarán:

- **Huevos:** desnaturalización y coagulación para formar redes proteicas que atrapan la leche.
- **Yemas:** muchas recetas llevan yemas extras, esto aporta más proteínas y grasas para mayor untuosidad.
- **Leche:** aporta el líquido esencial, además de que su porcentaje de grasa influirá en la untuosidad.
- **Azúcar:** además de proveer dulzor, es esencial para retardar la coagulación de las proteínas del huevo, así gelifican con mayor control.
- **Aromáticos:** las especias aportan más aroma y sabor. La leche es agua y grasa, de este modo los aromas hidrosolubles y liposolubles darán notas muy agradables.

» ¿Por qué se forman agujeros?

El flan es principalmente agua. A los 90 °C empezará la ebullición, formando muchas burbujas pequeñas. Al coagular los huevos, atrapan estas burbujas, dándole ese aspecto particular a la receta. Mientras más alta sea la temperatura, más burbujas (agujeros) tendrá mi flan.

» ¿Y por qué se recomienda hornear el flan a baño maría?

Las recetas que se cocinan a baño maría controlan la temperatura, haciendo más suave la cocción. El flan suele hornearse con el horno a 140 - 150 °C, lo que podría ocasionar una coagulación acelerada, generando grumos en la preparación o cocciones disparejas. Esto,

Mucha burbuja: al hornear en baño maría a mayor temperatura, o sin este, vemos mayor cantidad de burbujas al interior.

Burbuja media: al hornear con baño maría, que cubra al menos la mitad del molde y a temperatura controlada, logramos una mediana o baja cantidad de burbujas.

porque las proteínas muy coaguladas no forman redes fuertes entre las otras proteínas. Por ese motivo, el baño maría es la mejor opción, pues mantiene una temperatura uniforme en la fuente, que no superará los 100 °C. De esa forma, la desnaturalización de las proteínas ocurre con suavidad, para lograr una coagulación más controlada. El agua, además, conduce mejor la temperatura que el aire del horno, wcocinando de forma más pareja.

» ¿Cómo consigo generar muchos agujeros con el baño maría?

Si deseamos más agujeros, podemos subir la temperatura del horno (entre 150 - 170 °C) sobre el baño maría o retirar el baño maría y hornear directo manteniendo la temperatura entre 140 a 150 °C. Así se logra la típica leche asada de Chile. En el fondo, generamos más calor para mayor presencia de burbujas dentro de la leche. Ojo con pasarte, porque podrías acabar cortando la leche.

» ¿Y para una cantidad baja de burbujas?

Si queremos lograr un nivel bajo de burbujas, pon sobre el baño maría un papel o trapo, de este modo evitaremos que las burbujas de la ebullición golpeen la fuente y generen más burbujas o ráfagas de calor que aceleren la coagulación.

» ¿Y para ningún agujero?

Aquí nos ponemos metódicos. Primero, en el mezclado de los ingredientes, se deben unir sin batir en exceso, así rompemos cualquier burbuja dentro de la fase. Luego, si seguimos bien las instrucciones, controlamos el horno y colocamos una protección en el baño maría, lo podemos lograr. Para asegurarte, te sugiero un paso extra: controla la temperatura interna del flan. Inserta una sonda y mide la temperatura hasta que logre 85 °C, máximo 88 °C. De esa manera, lograrás el punto de coagulación preciso. Luego, al retirar, puede que se vea algo líquido, pero debes enfriar a temperatura ambiente hasta que entibie, para posteriormente dejarlo en refrigeración por varias horas o toda la noche. Así finalizará la gelificación proteica y obtendrás un flan muy liso, de fotografía. Opcionalmente puedes colocarlo en una vaporera (u olla con accesorio de vapor) a la misma temperatura, o con vapor suave (fuego bajo), teniendo la precaución de cubrir el flan previamente con papel plástico o aluminio para evitar que el vapor dañe la superficie y dificulte el cuajado.

Sin burbujas: al hornear a baño maría controlando con sonda hasta que logre 85-88°C, se retira. Dejar enfriar varias horas y cortar. Apreciamos una textura muy lisa prácticamente sin agujeros. Se puede obtener el mismo efecto horneando a baja temperatura o con vapor controlado.

Flan: los flanes quedan firmes después de su cocción, ya que los huevos atrapan y retienen el agua disponible entre sus redes debido a la coagulación de sus proteínas. Y es por esta misma agua retenida entre las celdas que si llega a mayor temperatura, genera vapor y por ende una burbuja. Después de la cocción, durante el enfriamiento prolongado la estructura gelifica y queda con la firmeza esperada.

» Los últimos consejos para un flan infalible:

- Hierve la mitad de la leche con el azúcar y los elementos aromáticos, luego incorpora de a poco los huevos batiendo constantemente sin dejar de revolver, luego vierte la leche fría. Así se templan los huevos y empieza la desnaturalización, por lo que en el horno coagularán más rápido y más parejo.
- El agua del baño maría debe estar caliente, nunca hirviendo. Lo ideal es mezclar una parte de agua fría y una de hirviendo. Eso permite una temperatura más suave para la cocción del flan.
- Se sugiere colocar un papel o fuente dentro del baño maría para evitar ebulliciones que dañen el postre o generen grandes burbujas.
- El caramelo es opcional, pero ayuda mucho a despegar el flan del molde.
- Se puede reemplazar la mitad de la leche por crema, eso le dará mucha más untuosidad al postre.
- Enfría el flan por un mínimo de 6 horas.

Receta

Flan (6 a 8 porciones)

- **1 litro de leche**
- **5 huevos**
- **5 yemas**
- **250 g de azúcar**
- **150 g de azúcar (para el caramelo)**
- **Aromatizantes al gusto (vainilla, canela, rayadura de naranja)**

- Mezclar leche con yemas y huevos.
- Añadir azúcar y aromáticos al gusto.
- Mezclar bien y tamizar.
- Realizar un caramelo con el azúcar restante, volcar este en el molde o moldes individuales.
- Verter el flan sobre los moldes.
- Hornear a 140 - 150 °C, en un baño maría, por 45 minutos en moldes individuales o una hora en molde grande.
- Dejar enfriar y refrigerar por varias horas.

6.5

Un análisis del pay de limón

Clásico entre los clásicos, presente en toda pastelería y en la memoria gustativa de la mayoría de las personas. ¿Qué es lo que lo hace tan especial?

» Es uno de mis favoritos

Y el mío también. Fue el primer postre que preparé a los 9 años. Debido a su popularidad, podemos encontrar todo tipo de calidades: desde diseños vanguardistas hasta pasteles sin cuidado alguno. Vamos a analizar sus tres componentes: base, relleno y cubierta.

» Masa tipo *sablée*

Toda tarta necesita una buena base que soporte sus ingredientes. La masa *sablée*, al tener mantequilla, se funde más fácil en boca, lo que la hace muy agradable. Además, es una masa friable, que significa que es firme en la mano, pero que se desarma fácilmente en boca. Esto se debe a que no logra hacer redes de gluten fuertes con la harina, lo que la hace más fácil de masticar. El grosor recomendado oscila entre 3 a 5 milímetros.

» Relleno de limón

Es tal vez la parte más importante de la receta y la que más toca cuidar, sobre todo en el equilibrio de su sabor. Hay muchas variantes usadas como cremosas, mousses o *curd*, aunque nos enfocaremos en la mezcla típica de jugo de limón, leche condensada y yema de huevo. Si quieres prevenir, puedes pasteurizar el huevo. Para eso, calienta la mitad de la leche condensada al fuego o en el microondas hasta que esté bien caliente, pero sin que hierva (evitamos la caramelización). Luego, viértela de a poco sobre las yemas, mezclándolo todo. Añade el resto de la leche. Este método te permite, además de pasteurizar, desnaturalizar parte de las proteínas, así le das más consistencia. Una vez que la mezcla está fría, le añades el jugo de limón. Otra opción es mezclar todo y verter en la masa horneada, luego hornear unos minutos y se logra el mismo objetivo. Lo importante es cuidar siempre el equilibrio del sabor a limón, balancear la acidez. Se puede añadir limón rallado finamente para dotar de más aroma el relleno.

» ¿Y por qué cuaja la crema de limón?

La acidez del limón (pH de 2.2 aprox.) desnaturaliza las proteínas de la leche y el huevo. Si fuera leche sola, la mezcla se cortaría, pero al tener abundante azúcar refuerza las redes y se mantiene estable la emulsión. La yema del huevo también actúa como emulsionante y estabilizante que enriquece la red. Así, con el paso de las horas en refrigeración, se forman redes proteicas que dan firmeza a la mezcla, generando una suave gelificación.

El equilibrio entre una masa delgada, relleno generoso y lo justo de merengue harán de este pastel un gran deleite. Donde los matices de sabor y contrastes funcionan agradablemente.

El merengue es importante para el contraste con el relleno ácido, así genera buen efecto supresión. En mucha cantidad puede opacar el gusto del limón.

» ¿Merengue suizo o francés?

Se suele usar el merengue francés, hecho de claras y azúcar. El problema es que tiene poca estabilidad y, al cabo de unas horas, empieza a drenar agua sobre el relleno. Esto se llama sinéresis, ya que no hay nada que estabilice la espuma de las claras y el azúcar termina separándose de las proteínas, capturando el agua, que es lo que vemos sobre la tarta. Para evitarlo, se suele trabajar con merengue suizo, que al ser sometido a calor, pasteuriza y desnaturaliza las claras, formando una red proteica más fuerte por su coagulación controlada. Luego, como el azúcar está bajo control, al ponerlo sobre el relleno, los azúcares se adhieren con fuerza a la superficie de crema de limón, sin separarse, obteniendo una tarta uniforme.

Después se puede aplicar soplete de fuego para dorar la superficie, provocando una glicación en las proteínas y una caramelización en los azúcares.

» Contraste de sabores y supresión

Al masticar un trozo de pay de limón ocurren cosas interesantes:

- **Base de la tarta**: debido a su sequedad y textura crujiente, hace salivar más la boca, lo que permite hidratar y percibir mejor los otros sabores. Además de aportar con un contraste.
- **Relleno de limón**: su cremosidad y untuosidad lubrica la boca, la sensación ácida también genera más salivación. Por otro lado, el gusto de la acidez corta la sensación grasa de la masa, haciéndolo más ligero y goloso.
- **Merengue**: al ser muy dulce, crea contraste con el relleno ácido, equilibrando los sabores.

El equilibrio y balance de sabores se explica por la supresión, que es el balance preciso de los ingredientes para crear contrastes gustativos especiales. Algo tan sencillo como un pay de limón tiene mucha ciencia.

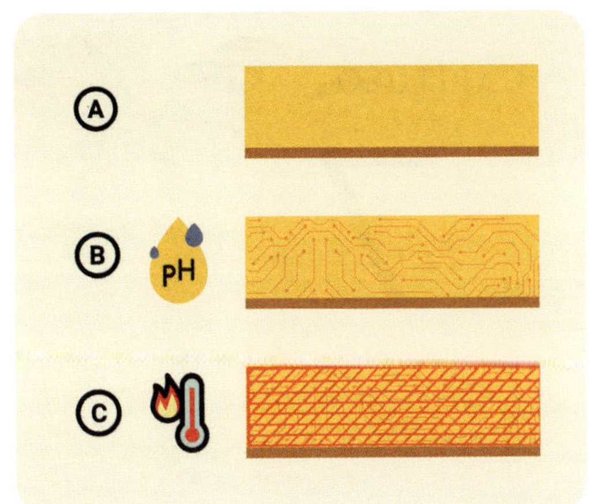

El clásico relleno a base de leche condensada es líquido y viscoso (A). Luego, con reposo, el ácido del limón reacciona con las proteínas presentes, desnaturalizan y gelifican (B), por eso queda más consistente. Pero si después aplicamos una cocción (C), las proteínas coagulan, forman redes más resistentes y retienen los líquidos. Así queda más firme.

»Veamos la receta

Masa:

- **260 g de harina común, sin polvos**
- **90 g de azúcar glas**
- **120 g de mantequilla**
- **1 huevo**
- Unir harina con azúcar.
- Añadir mantequilla en trozos, mezclar hasta obtener una base arenosa.
- Añade huevo, une todo hasta lograr una masa homogénea sin amasar en exceso.
- Aplana la masa, refrigera por al menos 30 minutos.
- Coloca la masa entre dos trozos de papel encerado.
- Estira la masa con un rodillo, corta un disco del tamaño del molde y bandas para los bordes.
- Engrasa el molde, coloca el disco y luego las bandas en los bordes.
- Retira los excesos de masa. Coloca en el congelador por 30 minutos.
- Hornea la masa a 160°C entre 18 y 20 minutos, hasta dorar.

Relleno:

- **190 g de jugo de limón**
- **6 yemas de huevo**
- **795 g de leche condensada (2 latas)**
- Unir el jugo de limón con la leche.
- Verter las yemas y mezclar vigorosamente.
- Verter el relleno sobre la masa previamente horneada.
- Hornear a 160 °C entre 15 y 20 minutos, hasta notar una superficie firme.
- Dejar enfriar y refrigerar, idealmente toda la noche.

Merengue suizo:

- **180 g de claras (6)**
- **360 g de azúcar granulada**
- En un bowl, unir claras con azúcar.
- Llevar a baño maría, revolviendo constantemente con espátula.
- Revolver hasta disolver cristales y lograr 65 °C a 70 °C (7 minutos).
- Verter en bowl de batidora. Batir a velocidad media por 2 minutos.
- Subir a velocidad máxima por 10 minutos
- Batir hasta notar un merengue firme y frío al tacto.

CAPÍTULO

Nº 7

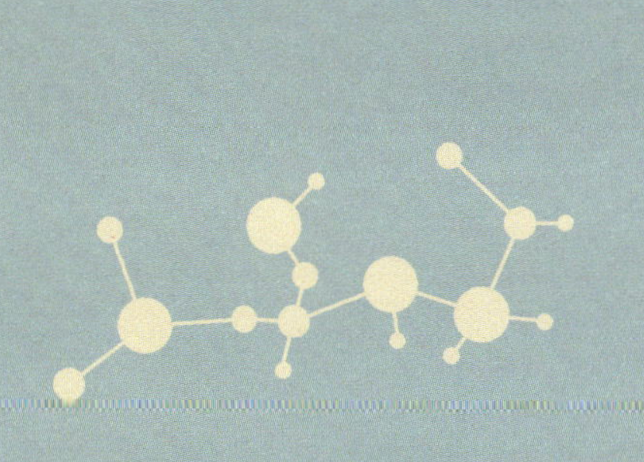

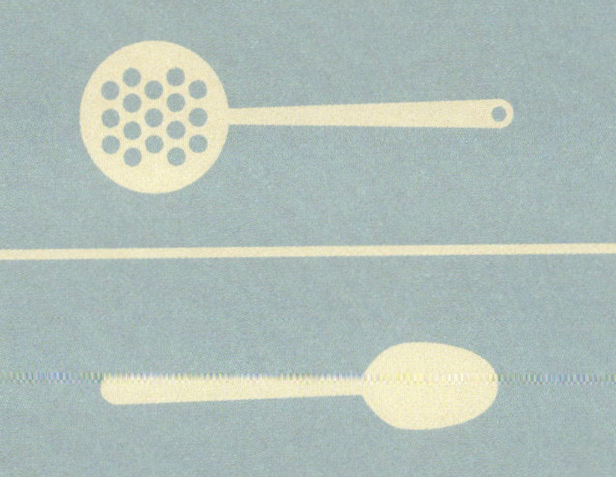

CONFESIONARIO

199

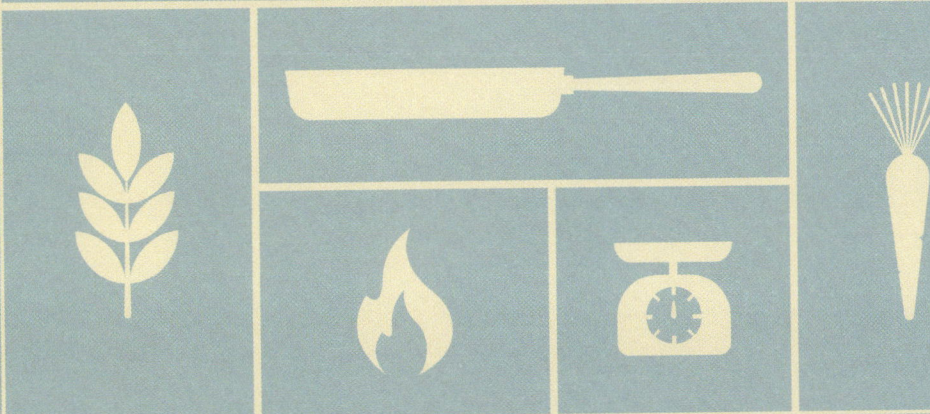

¿Qué te gustaría que respondiera en este libro?

Durante la redacción del libro, invité a mis seguidores a participar con una pregunta relacionada con ciencia y cocina. ¡Recibí más de 3 000 de todo el mundo! Estas fueron las 50 seleccionadas que hoy forman parte de esta publicación.

Pregunta		Respuesta
Abel Pesquera Uruguay **¿El frío "cocina" los alimentos en el congelador? ¿Y el limón?**		El congelador puede dar la apariencia de cocción pero no cocina, al igual que el limón, que desnaturaliza proteínas, pero no provoca cocción. El frío intenso deshidrata y puede alterar el color de algunos alimentos, como las carnes, que quedan de color café.
Antonio Valderrama Panamá **La comida tiene un sabor distinto cuando está fría o cuando está caliente. ¿La temperatura influye en el sabor de las comidas?**		La temperatura influye en el sabor, ya que mientras más caliente, más moléculas volátiles tiene, es decir, percibimos más aromas y sabores. El frío "adormece" la boca y no sentimos los sabores tan intensos.
Carlos Orellana Ecuador **¿Por qué el punto de ebullición del agua varía dependiendo del país o zona en donde te encuentres?**		A mayor altura, hay menor presión atmosférica, por lo que se requiere menos grados para hervir. La ebullición del agua se presenta cuando la presión atmosférica es igual a la presión del vapor. A nivel del mar hierve a 100°C, pero en ciudades de altura como La Paz en Bolivia (3800 metros) el agua puede hervir entre 85 a 88 °C.
Agustina Aguilera Chile **¿Por qué el merengue cuando pareciera haber quedado firme y brillante, al pasar un rato, comienza a liberar líquido?**		Se llama sinéresis: al batir las claras, las proteínas atrapan aire y el azúcar ayuda a estabilizar, pero con el paso del tiempo, las burbujas generadas se empiezan a unir y las proteínas no resisten, por lo que el merengue colapsa, disminuye su volumen y elimina agua (claras con azúcar disuelto).

Nicolás Pávez
Chile

¿Cuál es el efecto de agregar cerveza u otros alcoholes, como pisco o vodka, en la preparación de batidos para freír?

El alcohol se evapora antes que el agua, por lo que el añadido de cervezas o licores hará que el alcohol se evapore muy rápido por el calor, lo que permite conseguir batidos más crujientes.

Francesco Covarrubia Sampugna
Chile

¿Por qué cuando procesamos la albahaca para hacer el pesto, se pone oscura la mezcla después de un rato?

La albahaca contiene una gran cantidad de polifenol oxidasa, que es un componente que se genera al romper las membranas celulares de las hojas. Esto hace que la mezcla se oxide muy rápido.

Joel Sosa
Argentina

En las salsas que usan como base huesos o carnes, ¿por qué gelifican si no se le ha agregado ni espesante ni similares?

Las salsas o caldos que tienen huesos o mucha carne hacen que se disuelva el colágeno en el agua, y gracias a las temperaturas, se desnaturaliza y se transforma en gelatina, por lo que al enfriar va a gelificar. No es grasa, sino proteínas.

Emely Blanco
El Salvador

Además de aportar sabor, ¿en qué más nos ayuda la sal en las masas de levadura?

La sal tiene un efecto controlador en las levaduras, lo cual hace más lento su crecimiento. Esto permite regular la fermentación y obtener mejores aromas en los productos.

Erick Márquez
Perú

¿Por qué se tiene que dejar reposar algunas masas?

El reposo es vital para las masas con harina de trigo para que desarrollen el gluten. El reposo ayuda a que las moléculas formadas se alineen de manera más ordenada, así la masa se estira o trabaja con más facilidad.

Juan Guillermo Rojas
Colombia

¿Por qué cuando cocino un pastel con una mezcla líquida y le agrego arándanos u otra fruta pequeña, estos siempre terminan en el fondo del molde a pesar de que al inicio estaban en la superficie?

Si la masa del pastel tiene poca harina, azúcares y grasas, será menos densa, por lo que las frutas pesarán más. Por eso se van al fondo. En recetas de este estilo se aumenta la cantidad de harina, huevos o azúcar con el fin de "afirmar" estos elementos.

Borja Aparicio Gil
España

Cuando voy a saltear setas, añado un poco de aceite pero rápidamente las setas lo absorben. Añado más y más pero siempre quedan. Al final, acaban quedando aceitosas. ¿Por qué sucede esto y qué puedo hacer para evitarlo?

Las setas o champiñones son altos en agua y poseen muchos espacios de aire por los que el aceite puede ser retenido. Para evitarlo se deben lavar los champiñones, así retienen un poco de agua y se evita que absorban aceite, ya que no se mezclan.

César Velazco
Paraguay

¿Es cierto que la miel de abeja es capaz de hacer tierna la carne y darle un sabor caramelizado al cocinar?

La miel es ácida aunque no lo parezca (tiene un pH entre 3.5 a 5). No se nota por sus componentes de azúcares, los que ayudan a caramelizar y ablandar las carnes. Esto sucede porque la acidez desnaturaliza y ablanda las proteínas.

Pamela Deloso
Argentina

¿Cómo podemos esterilizar frascos de manera casera para que nuestra conserva sea segura? ¿A qué temperatura mueren las esporas del *Clostridium botulinum* y cómo conseguirlo en casa?

Lo recomendado es hervir los frascos en una olla de presión, así alcanza entre 110 y 120 °C, lo cual elimina dicha bacteria. Una vez realizado se deben secar bien para utilizar.

Arnold Rodrigo Pezantes Silva
Perú

¿Por qué la comida frita sabe mejor?

Las frituras evaporan más agua, por eso quedan crujientes y concentran los sabores. Además, las grasas presentes aumentan el oleogusto dando más sabor.

Patricia Alfaro
Chile

¿Por qué se le echa vinagre al agua para hacer un huevo pochado? ¿Qué otras alternativas existen?

Los ácidos en agua harán que las proteínas coagulen más rápido. Se puede usar cualquier ingrediente ácido como vinagre, jugo de limón o vino.

Carla Mansilla
Argentina

¿Por qué el arroz con leche queda duro en el centro del arroz si lo cocino con azúcar desde el principio?

El azúcar es muy higroscópica, debido a esto le encanta el agua, y el arroz necesita hidratarse para generar cocción, por ende el azúcar "rapta" el agua impidiendo que el arroz absorba lo necesario.

M. Socorro Gavia
México

¿Por qué a veces la masa se encoge? Es decir, la estiras y después regresa al tamaño original.

Si al estirar la masa esta se recoge muy rápido, es porque los enlaces de gluten no tienen reposo y están muy desordenados. Por ese motivo se deja reposar, para relajar el gluten y evitar que se encoja.

Bryan Lizardo Tucubal Suruy
Guatemala

¿Por qué se usa vinagre para conservar alimentos?

El vinagre, al ser muy ácido, dificulta el crecimiento de bacterias. Eso permite extender la vida útil.

Jans Sierra
Bolivia

¿Cómo reacciona nuestro cuerpo ante la comida picante? ¿Podría llamarse el placer del dolor?

El picante es una sensación que nuestro cerebro identifica con dolor, como si nos estuviéramos quemando. Por eso sentimos ardor.

Carlos Eladio Alonso García
México

¿Por qué al tomar algunos vinos hay recuerdos a frutos, semillas, chocolates y cosas así?

Los vinos poseen moléculas aromáticas que están presentes en otros alimentos que se desarrollan gracias a la fermentación. Por ejemplo, en los vinos blancos sentimos un aroma a mantequilla debido a la molécula diacetil.

Samuel Hernández Fuentes
El Salvador

¿Para qué sirve el flambeado y por qué es una técnica muy recurrente en ciertos platillos?

El flambeado, además de dar un toque de espectáculo, evapora rápidamente parte del alcohol en una preparación. En promedio se ha evaporado un 40% cuando las llamas han cesado.

Gabriel Rodríguez Hermosilla
Costa Rica

¿Por qué algunas carnes embutidas o procesadas, como las salchichas, no se tornan cafés al cocinarlas?

Comúnmente, a esas carnes, como embutidos o chacinados, se les añade sal de cura, la cual contiene nitritos utilizados como conservante, que durante la cocción "fijan" la mioglobina de la carne, manteniendo un color rojo-rosado.

Kenia Vargas
Costa Rica

¿Por qué unas gotas de vinagre ayudan a que al batir las claras queden más firmes?

Los ácidos en las claras de huevo ayudan a "desenredar" las proteínas, haciendo que se estiren y puedan atrapar aire más rápido y de manera estable.

Camila Garay
Paraguay

¿Se puede lavar el pollo?

A pesar de ser una costumbre muy común en los hogares, los organismos de salud no lo recomiendan ya que el agua "empuja" los microorganismos y los dispersa por las superficies de trabajo como las mesas, con eso aumentan las probabilidades de contaminación cruzada.

Axel Castro
México

¿Por qué las grasas hacen que los alimentos no se peguen?

Las grasas, al ser hidrofóbicas, repelen el agua de los alimentos y evitan que se peguen, esto se acelera en temperaturas más altas.

Antonella Regueira
Argentina

¿Por qué la piña y el kiwi impiden que la gelatina cuaje?

La piña y el kiwi poseen las enzimas bromelina y actinidina, respectivamente, que rompen los enlaces de proteínas en la gelatina, evitando que se unan entre ellos y no logren cuajar o gelificar. Al aplicar cocción a las frutas se desactivan las enzimas y ya pueden cuajar.

Dante Noguez
México

¿Por qué cuando hierves un huevo, este se pone duro, pero al hervir una papa, esta se pone suave?

Las proteínas del huevo, con el calor, coagulan y forman una red firme que atrapa el agua, por eso se endurece. En cambio, en la papa se debilitan las celulosas y pectinas, además, se gelatiniza el almidón, dejándola tierna.

Kaira García
República Dominicana

¿Por qué el café potencia el sabor del chocolate amargo?

Al ser dos sustancias amargas y tener componentes químicamente similares, como la cafeína, se potencian entre sí y generan un gusto más intenso. A este tipo de relaciones se les conoce como *foodpairing*.

Javier Abreu Briceño
Venezuela

¿Por qué cuando se procesan en licuadora los aliños (pimiento, ají dulce, tomate, cilantro, perejil, entre otros), no tienen el mismo sabor que cuando se pican con cuchillo?

Al masticar cualquiera de esos ingredientes, nuestros dientes ayudan a romper las paredes celulares, lo que empieza a revelar su sabor. Pero si las molemos con mortero o licuadora, habremos desintegrado su estructura liberando sus líquidos con muchos componentes volátiles, por lo que el sabor se sentirá más tenue.

Miguel Godínez
México

¿Por qué los mariscos, como camarones y langostas, toman un color naranja al ser cocinados?

Los crustáceos poseen un componente llamado astaxantina, el cual, al contacto con el calor, genera una reacción química que dará tonos naranjas y rojos.

Ernesto Gil
España

¿Por qué las claras no montan si tienen un poco de yema?

Cualquier sustancia que entre en contacto con las claras va a dificultar su batido. En el caso de las yemas, al ser grasa, interfieren con las redes proteicas y atrapan menos aire. Un poco de yema no evitará que las claras monten, pero sí dará menos volumen y será menos estable.

Robert Bryan Rojas Chávez
Perú

Me gustaría saber cómo describirías al umami, cómo conseguirlo y su gran aporte y valor en la gastronomía.

El umami es definido como el quinto sabor, pero ha sido un aporte del lado oriental a la cultura occidental. Científicamente, se define como el sabor de los aminoácidos donde los ácidos glutámicos y nucleótidos destacan. Esto se da en alimentos como quesos, hongos, algas y tomates. Mientras más de ese tipos de alimentos se mezclen, más se potencia el umami.

Eduardo Galindo
Honduras

¿Por qué los plátanos y bananas se ponen oscuras al dejarlas en el refrigerador por mucho tiempo?

Los plátanos son muy propensos a la oxidación debido a que cualquier rotura de sus membranas celulares generará polifenol oxidasa, lo que conlleva a más componentes de colores oscuros. En refrigeración ocurrirá más lentamente.

Henry Marcillo
Ecuador

¿Por qué a algunas masas o recetas se les deja en el congelador un tiempo prudente antes de meter al horno precalentado, qué efecto tiene?

Son las masas con materia grasa principalmente, que van a solidificar con el frío. Esta acción hace que, al momento de hornear, el calor gelatinice primero los almidones de la harina antes de que se derritan las grasas. Así, la masa quedará más uniforme y no se desbordará por las orillas.

Gabriela Lara
Argentina

¿Es seguro, bromatológicamente hablando, un glasé real hecho a partir de clara de huevo cruda? ¿Qué función cumple el azúcar glas en el proceso?

Al hacer un glasé real estamos saturando la red del huevo con azúcar, por lo que se hace más difícil el crecimiento microbiano, sobre todo al secarlo posteriormente. Hay quienes independiente de eso no lo recomiendan y sugieren el uso de albúmina o clara pasteurizada. Como siempre comento, seguridad y buena manipulación ante todo.

Yhosua Jerez
Colombia

¿Por qué, cuando la leche se está hirviendo, te das la vuelta y se riega?

La leche posee proteínas que atrapan y retienen el aire, destacando la lactoglobulina, por eso se pueden hacer leches texturizadas para el café. Pero en la olla esto ocurre tan velozmente que la leche colapsa de tanto aire retenido.

Daniel González Hormazábal
Chile

¿Por qué, al hornear pan con una fuente de vapor, la corteza queda más crujiente y no húmeda?

El vapor, al ser una forma más dispersa del agua, se deposita sobre la masa en el horno y se disuelve en la superficie. Gracias al calor, los almidones se descomponen en azúcares simples motivados por el agua, por eso la corteza queda dorada y crujiente.

Ameluz Rivero
República Dominicana

¿Por qué la levadura no se activa si está en buenas condiciones y el clima favorece?

Las levaduras son seres unicelulares que viven, y si no tienen las condiciones necesarias morirán o quedarán inactivas. Algunos *sachets* de levadura pueden no activarse si fueron expuestos a bastante calor o fueron mal almacenados. Es importante recordar que para activarlas se requiere de humedad, temperatura tibia y azúcares simples, como la glucosa presente en el azúcar común o en las harinas.

Dante Mita Puma
Perú

¿Por qué al envolver algunas frutas con papel periódico estas maduran?

Las frutas como el plátano y el aguacate son altas en etileno, que es el gas de la maduración. Si las envolvemos en papel, haremos que este gas se concentre sobre la fruta, lo que propiciará una maduración más rápida.

Duviel Hernández Rodríguez
México

¿Por qué no se recomienda congelar un alimento que previamente había sido descongelado?

Al descongelar y volver a congelar, se generan muchos cristales de agua que dañan el alimento, lo que provoca más pérdida de agua y de características organolépticas. Con cada descongelación, aumenta la carga de microorganismos, ya que en la congelación se conservan haciendo del alimento un producto de mayor riesgo.

Tomás Rotondaro
Uruguay

¿Cuál es la razón por la que al salar un bife o un pedazo de carne cruda, la carne absorba lo justo y necesario, a diferencia de si le echamos sal una vez cocida? Siempre me lo pregunto cuando hago asado.

No es que la carne tenga "inteligencia", simplemente, al saturar con sal gruesa la superficie de la carne, esta se absorberá lentamente en la superficie. El tiempo de contacto determinará cuán salada quedará. Muchos asadores la dejan máximo 2 horas, pero si se deja un día entero, la carne se curará, secará y quedará muy salada. Si se hace con sal fina, el efecto es más rápido.

Manuel Botero Mesa
Colombia

¿Por qué el tomate triturado salpica tanto cuando lo cocinamos?

Al moler un tomate, tendremos su pulpa, y vistos bajo un microscopio se verán trozos sólidos de tomate con agua mezclados. Hervir el líquido genera tanta energía que salpica por todos lados estos trozos sólidos y líquidos, manchando por doquier.

Alejandro Guadarrama
México

¿Qué pasa químicamente cuando se cura una sartén de hierro forjado? ¿Y por qué no pasa lo mismo con otras sartenes?

El curado se hace colocando capas de aceite y calentando, esto genera una polimerización de las grasas y formará una película protectora que evitará la oxidación y lo hará antiadherente. En el hierro fundido funciona mejor debido a su porosidad, por lo que esta película de grasa queda mejor adherida. Se puede hacer con otros metales como el acero inoxidable, pero este, al ser menos poroso, durará menos tiempo.

Luis Eduardo Carvajal Cabezas
España

¿Por qué en las cocinas profesionales está prohibido meter cajas de cartón en sus cámaras, por el riesgo de microorganismos, y sin embargo en las casas sí se guardan alimentos como huevos y frutas en sus cajas de cartón?

En las cocinas profesionales se toman medidas más rigurosas en higiene y manipulación, ya que las probabilidades de riesgo son mayores debido al volumen productivo. En el caso del cartón, este absorbe la humedad, por lo que es un riesgo de crecimiento de microbios. En el hogar, los volúmenes de preparación de alimentos son mucho menores, por eso no son tan rigurosas estas medidas. Sin embargo, no hay que olvidar que una buena higiene y manipulación son recomendadas en toda cocina.

Silvia Zea
Noruega

¿Por qué se genera espuma oscura (¿y qué es?) cuando uno prepara caldos?

La espuma en los caldos se produce cuando estos contienen carnes o huesos. Esta es una agrupación de proteínas coaguladas que atrapa en su red las impurezas del caldo, ya sea de carnes o vegetales, por eso se oscurece. Esta espuma se puede retirar para tener caldos más limpios.

Corina Camacho
Estados Unidos

¿Por qué las tortillas mexicanas se inflan y por qué tienen dos caras?

Ya sea de trigo o de maíz, al momento de colocar la tortilla al calor se gelatinizan los almidones, formando una capa firme. Luego, al voltearla ocurre lo mismo en la otra superficie, por lo que se empieza a generar un vapor interno que hace que se infle la tortilla, ya que no tiene por dónde escapar. El mismo fenómeno que ocurre en el pan pita.

Esmeralda Villalobos
Guatemala

¿Qué químicos o componentes contiene el polvo de hornear que hace que los pasteles esponjen y cuál es su reacción estando en la mezcla?

Los polvos de hornear son una mezcla de bicarbonato, ácido y almidón. El bicarbonato, al ser alcalino, reacciona con el ácido y genera gas carbónico, que hace que los productos crezcan en volumen. Sin embargo, para que eso ocurra debe haber agua que propicie esta reacción. Por eso, al mezclarlos con cualquier ingrediente húmedo, ocurrirá esto. Los polvos de hornear tienen almidón para evitar reaccionar mientras están almacenados.

Jamy Gallegos
Chile

¿Por qué dicen que el panqué no debe comerse caliente? ¿Es verdad que empacha, hincha, provoca dolor de panza o finalmente que el bizcocho o panqué caliente hace daño?

Si esto fuera verdad, entonces nadie comería comida caliente. Este "mito" fue popularizado por madres y abuelas, que decían eso a los niños para evitar que comieran los pasteles recién salidos del horno.

Almir Ludim Mendieta Villafuerte
Bolivia

Cada vez que intento hacer caramelo de azúcar morena se torna líquido oscuro, como quemado, muy desagradable. ¿Por qué?

Un buen caramelo necesita un azúcar lo más pura posible para generar buen color y sabor. En el caso de azúcar rubia, morena, mascabada, son azúcares con adición de melaza, que son aptos en nutrición pero que se queman antes, lo que genera sabores amargos y colores acres.

Eva Vargas
Venezuela

¿El limón y el vinagre realmente limpian la lechuga de las bacterias y de los parásitos?

Teóricamente, el jugo de limón y vinagre no son bactericidas. Al ser ácidos, harán un entorno de difícil crecimiento para microorganismos pero no son efectivos eliminándolos. Pueden servir para revelar parásitos visibles como gusanos, ya que les desagrada el entorno ácido. Los bactericidas efectivos en la cocina son el cloro y alcohol.

Heinz Wuth
Video de agradecimiento

Escanea este código QR

BIBLIOGRAFÍA

1. Aguilera, J. M. (2018). *Gastronomic Engineering*. Santiago de Chile.

2. Astiasarán, I., & Martínez, J. (1999). *Alimentos: composición y propiedades*. McGraw-Hill. España.

3. Banerjee, S., & Bhattacharya, S. (2012). *Food gels: gelling process and new applications. Critical Reviews in Food Science and Nutrition*. 52, 334-346.

4. Barham, P. (2001). *La cocina y la ciencia*. Acribia. Zaragoza.

5. Breen, S. P., Etter, N. M., Ziegler, G. R., *et al*. (2019). Oral somatosensory acuity is related to particle size perception in chocolate. *Sci Rep*, 9, 7437.

6. Bressanini, D. (2014). *La ciencia de la pastelería*. Gribaudo. Milán.

7. Bressanini D. (2016). *La scienza della Carne*. Gribaudo. Milán.

8. Bressanini, D. (2019). *La scienza delle verdure*. Gribaudo. Milán.

9. Castells, P. (2016). *La cocina del futuro*. Tibidabo Ediciones. Barcelona.

10. Collings, V. B. (1974). Human Taste Response as a Function of Locus of Stimulation on the Tongue and Soft Palate. *Perception & Psychophysics*. 16, 169-174.

11. Dickinson, E., & Rodríguez-Patino, J. M. (1999). *Food Emulsions and Foams: interfaces, interactions and stability*. Royal Society of Chemistry. London.

12. Engelen, L., van der Bilt, A., Schipper, M., & Bosman, F. (2005). Oral size perception of particles: Effect of size, type, viscosity and method. *Journal of Texture Studies*, 36, 373–386.

13. Friberg, S., Larsson, K., & Sjöblom, J. (2004). *Food emulsions* (4th ed.). Marcel Dekker. New York.

14. Fundación Alicia, elBullitaller. (2006). *Léxico científico gastronómico*. Planeta. Barcelona.

15. Gagnaire, P. & This, H. (2007). *Alchimistes aux fourneaux*. Flammarion. París.

16. Gennes, Pierre-Gilles de. (1991). *Nobel Lecture on Soft Matter*. París.

17. Green, B., Lim, J., Osterhoff, F., Blacher, K., & Nachtigal, D. (2010). *Taste Mixture Interactions: Suppression, Additivity, and the Predominance of Sweetness*.

18. Keast, R., & Breslin, P. A. S. (2003). An overview of binary taste–taste interactions. *Food Quality and Preference*, 14(2), 111-124.

19. Kmiha, S., & Aouadhi, C. (2016). *Seasonal and regional occurrence of heat-resistant spore-forming bacteria in the course of ultra-high temperature milk production in Tunisia*. 6090-6099.

20. Lersch, M. (2010). *Texture: A Hydrocolloid Recipe Collection*. Khymos.

21. Mans, C. (2010). *Sferificaciones y macarrones*. Ariel. Barcelona.

22. Martínez-Gracia, C., González, C., & Cabellero, A. Ariel. Barcelona.

23. Martinez-Gracia C., Gonzalez C., Cabellero A.(2015). Use of herbs and spices for food preservation: advantages and limitations. *Current Opinion in Food Science,* 6, 38-43.

24. McGee, H. (2004). *On food and cooking.* Scribner. USA.

25. Morales, J., Mingo, E., & Caro, M. (s. f.). *Fisiología del gusto.*

26. Quellen, S. (2012). *Culinary Reactions.* Chicago Review Press. Chicago.

27. Raines, S., Henson, C., & Havey, M. (2009). Genetic Analyses of Soluble Carbohydrate Concentrations in Onion Bulbs. *Journal of the American Society for Horticultural Science,* 34, 618-623.

28. Stokes, J., Boehm, M., & Baier, S. (2013). Oral processing, texture and mouthfeel: From rheology to tribology and beyond. *Current Opinion in Colloid & Interface Science,* 18, 349-359.

29. Tieman, D., Bliss, P., & McIntyre, L. (2012). The Chemical Interactions Underlying Tomato Flavor Preferences. *Current Biology,* 22, 443-44.

30. This, H. (2002). *Casseroles et éprouvettes.* Francia.

31. This, H. (2007). *De la ciencia a los fogones.* Pour la Science. Francia.

32. This, H. (1995). *La cocina y sus misterios.* Acribia. Zaragoza.

33. This, H. (1993). *Les secrets de la casserole.* Belin. Francia.

34. This, H. (2002). *Tratado elemental de cocina.* Acribia. Zaragoza.

35. Wolke, R. (2014). *El científico en la cocina.* Robinbook. Barcelona.

36. Wolke, R. (2005). *What Einstein told his cook 2,* W. W. Norton & Company. USA.

37. Wolke, R. (2002). *What Einstein told his cook,* W. W. Norton & Company. USA.

38. Web: https://es.wikibooks.org/wiki Fisiolog%C3%ADa_humana/Los_sentidos

39. Web: https://www.colormatters.com/color-and-science

40. Web: https://goldbook.iupac.org/

GLOSARIO:

1. **Actividad de agua (aw):** medida que indica la cantidad de agua libre disponible en un alimento. Tiene un valor mínimo de 0 y máximo de 1. A menor valor de aw, mayor conservación del producto.

2. **Agua libre:** es el agua disponible en un alimento para diferentes reacciones químicas o biológicas con microorganismos, se mide con el índice de actividad de agua (aw).

3. **Coagulación:** se define como el cambio en la estructura de la proteína, que puede ser de forma líquida a sólida o en un líquido más espeso. Eso es provocado por el calor (huevo), por ácidos (yogur) o por enzimas (quesos).

4. **Coalescencia parcial:** proceso en el que las burbujas de gas o de líquido se unen para formar estructuras más grandes, pero se mantienen separadas por una membrana protectora. Ejemplo: así se forman los merengues, incorporando el aire que se mantiene separado por proteínas.

5. **Coalescencia:** proceso en el que dos burbujas de gas o de líquido se unen para formar una más grande. Ejemplo: al verter aceite en agua, el aceite formará una gran burbuja a medida que pasa el tiempo.

6. **Decocción:** es un método de extracción que consiste en hervir materiales herbales o vegetales parar liberar las sustancias químicas del material. Como en la realización de un té. En algunos campos el término también se usa para describir una reacción similar a la cocción de alimentos sin la acción de calor. Ejemplo: jugo de limón en el pescado.

7. **Descomposición:** en química, es la ruptura de sustancias formadas por moléculas, generando sustancias con moléculas más simples y pequeñas. Ejemplo: el almidón es una cadena de azúcares, cuando se descompone, quedan azúcares simples como la glucosa.

8. **Desnaturalización:** en el caso de las proteínas, es el proceso por el cual pierden su estructura tridimensional, es decir, cambian de forma. Ejemplo: al añadir limón al pescado se desnaturaliza su proteína.

9. **Difusión:** movimiento de partículas de un área de menor concentración a otra de mayor concentración. En cocina se explica

con ejemplos relativos a la difusión del calor. Los alimentos se cocinan con la energía que irradia una fuente de calor de afuera hacia adentro. También se explica con el efecto de marinado; mientras más tiempo esté sumergido un alimento en un líquido, más penetra al interior del alimento (de afuera hacia dentro).

10. **Dispersión**: es un sistema en el que las partículas de un material se dispersan en una fase continua de otro material. Las dos fases pueden estar en el mismo o en diferentes estados de la materia. Ejemplo: al hacer un caldo o fondo, las moléculas de aroma, color y sabor de huesos y vegetales se dispersan en el agua.

11. **Emulsión**: unión de dos sustancias no miscibles (que no se unen) que forman una nueva sustancia de consistencia diferente, casi siempre más espesa. Ejemplo: unión de agua y aceite para una mayonesa.

12. **Enranciamiento**: es un proceso por el cual un alimento con alto contenido en grasas o aceites se altera con el tiempo, adquiriendo un sabor desagradable. Ocurre por hidrólisis, por la presencia de oxígeno. Ejemplo: frutos secos rancios por estar mal envasados.

13. **Enzimas**: proteínas que actúan como catalizadores biológicos, que pueden descomponer o sintetizar otras sustancias. Ejemplo: la bromelina es una enzima presente en la piña, que desnaturaliza las proteínas y sirve para ablandar las carnes.

14. **Esporas**: son células específicas producidas por hongos y/o bacterias, cuya función es dispersarse y sobrevivir. Pueden generar nuevos organismos por reproducción.

15. **Hidrocoloide**: proteína o carbohidrato tipo fibra que tiene la capacidad de atrapar y retener el agua, formando geles o espesando una preparación líquida. Ejemplo: gelatina y almidones.

16. **Hidrofílico**: producto con tendencia a unirse al agua, soluble en agua. Ejemplo: sal.

17. **Hidrofóbico**: producto que no es afín al agua, que no se disuelve. Ejemplo: aceites.

18. Hidrólisis: proceso por el que una sustancia se descompone químicamente debido al agua. Se puede acelerar al añadir ácidos o enzimas. Ejemplo: al añadir ácido a un almíbar se descomponen los azúcares en glucosa y fructosa, genera un azúcar invertido.

19. Lipofílico: producto con tendencia a unirse a aceites y grasas, es soluble en agua. Ejemplo: lecitinas.

20. Lipofóbico: producto que no es afín a grasas y aceites, no se disuelve. Ejemplo: agua.

21. Macromolécula: molécula de mayor tamaño formada por varios átomos, como los polímeros o las proteínas.

22. Maduración: tiempo necesario para alcanzar el nivel deseado de algo, como cuando se deja algún ingrediente o plato en reposo hasta lograr las características específicas, principalmente para intensificar o refinar sabores. Ejemplo: maduración del queso.

23. Microorganismos: organismos vivos que pueden verse bajo un microscopio, cuya función son diversos procesos biológicos. Ejemplo: bacterias, hongos y levaduras.

24. Pardeamiento enzimático: reacción en la que intervienen el oxígeno y las enzimas, cambiando la apariencia del producto y sus características, generando tonos cafés o pardos conocidos como oxidación. Ejemplo: oxidación en la pulpa de la manzana debido a la polifenol oxidasa.

25. Pardeamiento no enzimático: reacción de cambio de color, aroma y sabor en un alimento por la presencia de azúcares simples, acelerado por calor y otras sustancias. Ejemplos: caramelización y glicación (reacción de Maillard).

26. Pectina: fibra soluble presente en la pared celular de vegetales con propiedades hidrocoloides, se utiliza como aditivo gelificante.

27. Pirólisis: descomposición química de sustancias por calentamiento a altas temperaturas, sin las reacciones de combustión. Ejemplo: el azúcar cuando se transforma en caramelo, sufre pirólisis y desarrolla nuevos aromas y sabores.

28. Precisión culinaria: declaración sobre un hecho práctico de cocina, siendo un paso o técnica importante dentro de una preparación. También es el enunciado que emite un suceso culinario, que determina el resultado deseado o no en una preparación. Ejemplo: los gnocchis flotan cuando están listos.

29. **Regla de Van't Hoff**: en sencillo, es cuando las reacciones bioquímicas doblan su velocidad cuando la temperatura aumenta 10 °C.

30. **Rigor mortis**: es un cambio fisicoquímico en los músculos de la carne, cuando estos están en un punto de dureza máximo justo luego del abatimiento del animal. Durante este proceso, ocurre una serie de reacciones que promueven la desnaturalización de las proteínas y ciertas reacciones que afectan al producto organolépticamente. Después de una maduración prolongada, se suaviza el músculo y la carne será más tierna.

31. **Sistema disperso**: son mezclas de dos o más sustancias simples o compuestas en donde hay una fase dispersa y una fase continua. Estas fases interactúan en menor o mayor grado según el tipo de sistema disperso que conformen. Aplica principalmente a emulsiones. Ejemplo: en una mayonesa, la fase dispersa es el aceite, que queda en la fase continua, que es el agua.

32. **Umami**: es un concepto de la cultura oriental, reconocido como el quinto sabor. Técnicamente, se define como el sabor de los aminoácidos, donde los glutamatos y los nucleótidos son los más comunes. Es la sensación característica que aportan alimentos como quesos maduros, algas, tomates, carnes y hongos.

BOOK Nº1

PARA:

LIBRO Nº:

FECHA:

LA BASE DE MI TRABAJO ES EL CONSTANTE ESTUDIO, PRÁCTICA Y EXPERIMENTACIÓN DE LOS PROCESOS CULINARIOS, INCORPORANDO TECNOLOGÍA Y EFICIENCIA A LA BÚSQUEDA DEL CONOCIMIENTO PARA DESARROLLAR SOLUCIONES QUE CUMPLAN CON LAS MÁXIMAS GASTRONÓMICAS Y LA SEGURIDAD ALIMENTARIA.

Heinz Wuth

Chef Heinz Wuth

Perteneciente y participante en las siguientes agrupaciones del ámbito gastronómico: **Académie Culinaire de France**. Miembro auditor, **Science & Cooking World Congress** / Integrante, expositor y presidente delegación Chile-Barcelona.